En tus silencios, el x---
tu alma.
P. Fiderieta

Fidelita Lozada

CHRISTIAN EDITING
Primicia Digital

Como huerto de riego

En tiempos de sequía

Como huerto de riego
© 2017 Fidelita Lozada. Reservados todos los derechos.

No se autoriza la reproducción de este libro ni partes del mismo en forma alguna, ni tampoco que sea archivado en un sistema de almacenamiento de información o transmitido por algún medio (electrónico, mecánico, fotocopia, grabación u otro) sin permiso previo de los editores.

Publicado por:
Christian Editing Publishing House
Miami, Florida
ChristianEditing.com

Cubierta y diseño interior: Jannio Monge

Todas las referencias bíblicas fueron tomadas de la Biblia Reina-Valera, revisión de 1960, a menos que se indique otra fuente.

ISBN 978-1-938310-75-1

Categoría: Devocional.

Agradecimientos

He sido bendecida por Dios por su fidelidad y cuidado para conmigo y mi familia. Definitivamente Él es el objeto de mi alabanza, y a Él le quiero agradecer todo logro en mi vida. Sin Él no es posible nada.

También hay unas personas especiales que han aportado al crecimiento de mi vida espiritual y han sido clave para que yo obtenga la madurez necesaria y poder así desarrollarme en el ministerio de servir. Me refiero a mis pastores Orlando y Cindy Félix. Los pastores Félix fueron los siervos que Dios usó para romper el cuerno de aceite sobre nosotros y ungirnos para uno de los ministerios, en mi opinión, más honrosos: la pastoral. El acompañamiento, sostenimiento y cuidado como pastores generales durante estos años han desarrollado lazos fuertes de unidad. Ustedes, lectores, pueden disfrutar de este libro gracias al constante seguimiento de nuestro pastor Orlando Félix, y a su insistencia en que publicara mis escritos.

Pastor, sepa que usted ha sido un maestro de la Palabra para mi vida, ¡cuánto he aprendido! Sus enseñanzas son ungidas y muy sabias. Hoy puedo decir que soy una creyente madura gracias a la disciplina que imparte a sus ovejas a través de su modelaje de leer y escudriñar las Escrituras.

Agradezco a la Iglesia Cristiana Senda de Amor, en Vega Alta, Puerto Rico, su fervor y pasión por las misiones. Hacen que amemos cada día más la visión de la casa. Mi agradecimiento a dos grandes y fieles amigas de siempre, quienes aportaron enormemente para este libro: Aixa Ríos y Damarilis Alicea. Mis confidentes, mis amigas, mis hermanas. ¡Mis agradecimientos a todos!

Dedicatoria

Al Eterno Dios, a quien servimos y nos ha permitido ser sus humildes siervos. Al amor de mi vida, mi esposo y mi pastor David Sánchez; has sido ayuda idónea en todo, tu apoyo incondicional para que escribiera me inspiraba a seguir. ¡Gracias mi amor!

A mis hijos Xavier David, Jean Carlo y Bryan Omar. Ustedes son parte de este libro. Cada etapa de sus vidas sirvió para fortalecernos más como familia y como padres. Hoy me gozo en verles como son, jóvenes con los valores del reino de Dios. ¡Los amo!

Índice

Introducción	13
1. Se cumplirá	17
2. Tus muros se reedificarán	18
3. Cuando hablen de apedrearte	19
4. Padre, ¡fortaléceme!	20
5. Del ejército de Dios	22
6. Él ha dicho que no se agotará la harina	23
7. Esfuérzate y no temas	24
8. El monte será reducido	26
9. Jehová, justicia nuestra	27
10. Derriba, edifica y planta	28
11. Lo que heredé lo he de poseer	30
12. Visión	31
13. Misericordia quiero	32
14. Por siempre	34
15. Dios no se olvidará de ti	35
16. Su mano te restaura	36
17. Desatando las cadenas	38
18. Otra oportunidad	39
19. Sometiendo al enemigo debajo de nuestros pies	41
20. El pan de balde	42
21. La peña de la división	44

22. Sobrenatural	45
23. No escapes, confía	46
24. Tienes autoridad	48
25. Para ti el descanso y el reposo	49
26. No hables tristeza a tu corazón	51
27. Soledad, amiga de la depresión	52
28. ¡Alégrate, gózate!	53
29. Yo declaro mi victoria	55
30. Río en lugar de fuente	56
31. No más parálisis	58
32. Se pierden los frutos	59
33. Anchura de corazón	61
34. Por algún tiempo	62
35. Sacúdete de la víbora	63
36. Seamos ejemplo nosotros	65
37. Por agua y por fuego	66
38. Él hace cosas grandes e inescrutables	67
39. Un alma satisfecha con Dios	68
40. Provisión de Dios	70
41. ¿Qué haremos?	72
42. Dios perdonador	73
43. ¿Se ocultará alguno?	75
44. ¿Hacia dónde vas?	76
45. Jehová consolará	78
46. Las corrientes de agua no te harán nada	79
47. ¡Todavía te queda algo!	80
48. ¡Llegó la primavera!	82
49. ¡Empiezan a salir!	84
50. Con paciencia obtendremos los frutos	85
51. La paz que no es negociable	87

52. ¿En cuánto tienes la cuenta?	88
53. Presencia, gozo y fortaleza	90
54. Esperando en Él todo el tiempo	91
55. Dirige mis pasos	92
56. Prisioneros de esperanza	94
57. ¡Empieza por confiar!	95
58. Mi raíz está abierta	96
59. Firme sobre mis alturas	98
60. Rehusando el consuelo de Dios	99
61. Dispuestos a entender	100
62. En sus manos están mis tiempos	102
63. Jehová proveerá	103
64. Libertad del alma	105
65. Sombra y abrigo	106
66. Cántico de liberación	108
67. Suba mi oración	110
68. Como madre que consuela	111
69. Abundante gracia	112
70. Florecer y crecer	114
71. Soy bendecido	115
72. ¡Recuéstate, hay pan!	116
73. El sol siempre sale	118
74. Hágase tu voluntad	119
75. Al abrigo del Altísimo	121
76. Sacando la espina	122
77. Delante de Él estarás	124
78. Poderoso, Él salvará	125
79. Águilas sobrevolando	127
80. Acuérdate ahora de mí, y fortaléceme	128
81. En su nombre hay poder	130

82. Saciará tu alma 132
83. Voy a vivir 133
84. Ninguna maldición 134
85. Llamados irrevocables 136
86. Fructificándonos a pesar de la aflicción 137
87. Él pensará en ti 138
88. Quitando el cilicio 140
89. Que la angustia no se apodere de ti 141
90. Como huerto de riego 143

Introducción

A la edad de doce años (1975) hice profesión de fe en una iglesia pentecostal, en la urbanización donde vivíamos mi madre, mis hermanos y yo. Años más tarde el Señor nos dio una palabra por medio de un siervo suyo, que hoy mora en su presencia, la cual marcó la vida de mi esposo y la mía. Recibimos esta palabra cuando yo tenía diecisiete años, y mi esposo, en aquel momento mi novio, tenía diecinueve años; fuimos convocados por Dios para ir a las naciones y enseñar su Palabra. Dios nos habló de un ministerio donde estaríamos juntos. Pasado los años, ya habiendo olvidado esa palabra; Dios mismo me habla en un sueño y me recuerda aquel mensaje ¡Su trato era conmigo en ese momento! Él sabía que yo no estaba lista, a pesar de los años en la iglesia, de lo mucho que oraba y servía en su obra.

En el 2006, veinticinco años más tarde, mi esposo y yo comenzamos a ver el cumplimiento de aquella palabra. Es en un país de Centroamérica donde Dios nos confirma, por alguien que no nos conocía pero que fue usado, que seríamos ungidos para este ministerio. ¡Alabamos a Dios y glorificamos su bendita misericordia! En el 2007, fuimos ungidos como pastores asociados para colaborar y servir en la Iglesia Senda de Amor, en Puerto Rico, junto a los pastores generales y a un equipo pastoral. En el 2009, aceptamos el reto de salir a predicar y enseñar como Dios nos había dicho, al norte de Estados Unidos.

El llamado ocurre en medio de un tiempo donde nada de lo que se vislumbraba era agradable a los ojos del hombre. Toda persona con dos dedos de frente sabría que el peor momento para salir a hacer alguna misión era este: mi única hermana, Iris Miriam, enfrentaba un diagnóstico de muerte. Iris y yo no teníamos secretos, siempre compartíamos y éramos como dos grandes amigas. En este escenario tenía que tomar una decisión: obedecer a Dios o quedarme a su lado. Decidí obedecer. Mi esposo y yo salimos hacia los Estados Unidos. Siete meses más tarde, mientras nos encontrábamos trabajando en la obra del Señor en este país, Iris fallece. Dios la levantó llamándola a su presencia.

Por otro lado aconteció que nuestros hijos fueron rescatados y transformados por Dios. ¡Gloria a Dios! ¡Alabado sea Dios por todos estos procesos!

Es en el 2010, en la ciudad de Parma, Ohio, en un invierno de diez grados, en un apartamento y lejos de toda distracción, que comienzo a escribir el material que hoy tienen en sus manos. La inquietud de compartirlo con ustedes surge luego de pastorear junto a mi amado esposo y ver a hijos de Dios con la necesidad de ser agentes de cambios para otros, seguidores de Jesús que viven como si no conocieran la palabra del Dios vivo, un caminar en el Señor de queja y desconfianza en sus promesas. Las pruebas no son señales de derrotas, sino el cómo las enfrentemos es que podría resultar en derrota.

Este libro contiene reflexiones que son extractos de las Sagradas Escrituras, pero además contiene testimonios personales, experiencias de la vida de hombres y mujeres que decidieron creerle a Dios y convertirse en un huerto de riego para los demás, y en experiencias de nuestra trayectoria familiar y ministerial.

Nadie puede dar lo que no tiene. Es por esto que te exhorto a que te conviertas en ese abastecimiento de agua, esa cisterna que puede proveer a otros en tiempos de sequía. ¡Llénate de Dios y de su Palabra! Solo así sanarás, te fortalecerás y serás transformado para su gloria, y solo así serás *como Huerto de riego en tiempos de sequía.*

Se cumplirá

"Porque como desciende de los cielos la lluvia y la nieve, y no vuelve allá, sino que riega la tierra, y la hace germinar y producir, y da semilla al que siembra, y pan al que come, así será mi palabra que sale de mi boca; no volverá a mí vacía, sino que hará lo que yo quiero, y será prosperada en aquello para que la envié." Isaías 55:10,11

Has visto a la lluvia o la nieve regresar al cielo? ¡Yo tampoco! Esta es la garantía de que cuando Dios pone su Palabra todo se cumplirá. Él hizo grandes promesas a su pueblo escogido, Israel. Unas se han cumplido y otras están por cumplirse, pero todas se cumplirán.

La lluvia y la nieve tienen una misión. Una vez el propósito de esa misión es cumplido, entonces la Palabra que fue enviada regresa a Dios. Así es lo que está escrito.

¿Qué te ha prometido? [Leer Isaías 55:1-13]
Misericordia gratuita.
Deleite de tu alma.
Comer del bien.
Abundancia de paz y de comida.

¡Espera! Su Palabra es cierta, y no va a regresar a Él vacía. ¡Regresará a Dios cumplida! Y cuando llegue a Él de regreso, habrá un sello que expresa: *¡Consumado es! ¡Hecho está!* Te animo a que recibas fe en esta hora. Su Palabra se cumplirá en ti y en los tuyos.

Oro para que aceptes la invitación. Busca a Dios, llámalo, inclina tu oído y escúchalo para que viva tu alma. Él desea hacer pacto eterno contigo. "Deje el impío su camino, y el hombre inicuo sus pensamientos, y vuélvase a Jehová, el cual tendrá de él misericordia, y al Dios nuestro, el cual será amplio en perdonar" (Isaías 55:7).

Tus muros se reedificarán

"Y sacrificaron aquel día numerosas víctimas, y se regocijaron, porque Dios los había recreado con grande contentamiento; se alegraron también las mujeres y los niños; y el alborozo de Jerusalén fue oído desde lejos." **Nehemías 12:43**

● ¡Qué celebración! La inauguración, la purificación y la consagración de un muro reconstruido. Esto trajo tal gozo al pueblo de Dios que hubo banquete, fiesta, júbilo; tanto que los vecinos de alrededor lo notaron. ¡No era para menos! Algo que estuvo destruido, derribado, pasado por alto, y en el olvido, se reedificó.

Muchas personas están sumergidas en llanto, vestidas con cilicio, ceniza y con manto de tristeza ante pérdidas, desolación, abandono, enfermedad y tantas situaciones que le han derribado sus muros; han perdido el gozo. Hay personas que solo ven el humo de sus muros quemados, o la ceniza de lo que fue una vez un muro fuerte, firme e impenetrable. Sin embargo, Cristo pagó el precio por ti, Él se hizo maldición y cargó las culpas por ti. ¡Levántate! ¡Él reconstruye en esta hora tus muros! ¡Él te pone sobre tus pies nuevamente! Es tiempo de que vuelvas a adorar como lo hacías antes, que te llenes de contentamiento, y los inconfesos que están sin Cristo y sin esperanza puedan ver tu gozo a distancia. ¡Contágialos con tu alegría! Él deposita en ti la medida de fe necesaria para que te levantes hoy. Para que puedas ser revestido con grande contentamiento. ¡Derriba el muro de la depresión y la soledad! ¡Qué se escuche tu grito de júbilo porque tus muros son reconstruidos!

Oro para que pases de tristeza a gozo, de llanto a alegría. Que Dios derrame sobre tu vida óleo de gozo. En el poderoso nombre de Jesucristo. Amén.

Cuando hablen de apedrearte

"Y David se angustió mucho, porque el pueblo hablaba de apedrearlo, pues todo el pueblo estaba en amargura de alma, cada uno por sus hijos y por sus hijas; mas David se fortaleció en Jehová su Dios." **1 Samuel 30:6**

Habrá momentos en tu vida que te encontrarás en situaciones como la del salmista David. Momentos en que, luego de orar, buscar consejo y hacer lo correcto, algo no saldrá bien. Ocurre lo mismo a cualquier líder que según la opinión de otros no hacen las cosas correctamente. ¡Nos quieren apedrear! Cuando parece que nadie te entiende y literalmente te quieren apedrear, como el pueblo hablaba de apedrear a David, debemos asumir la misma actitud de este líder; se fortaleció en Jehová su Dios. ¿Cómo se hace esto? Él le hablaba a su alma y a su corazón, donde están las emociones. Se postraba ante su Dios cada momento de su vida, diciendo: *"¿A quién tengo yo en los cielos sino a ti? Y fuera de ti nada deseo en la tierra. Mi carne y mi corazón desfallecen; más la roca de mi corazón y mi porción es Dios para siempre"* (Salmos 73:25,26).

Un despido del trabajo, una enfermedad terminal, una muerte de un ser querido, un divorcio, una traición de parte de alguien. ¡Fortalécete en tu Dios! Solo de rodillas delante de Él podrás esquivar las piedras que lanzan. Pasarán por encima de ti y no te tocarán. ¡Él es tu fortaleza! Solo acudiendo a Él podrás ser protegido de toda intención de apedrearte. No podrás evitar que ante la amargura de alma de otros te quieran apedrear, pero podrás evitar que la angustia se apodere de ti, y ante tal amenaza seas blanco fácil. Hay una sola salida. ¡Fortalécete en Dios!

Oro en esta hora para que toda angustia se vaya de tu vida. Para que te levantes en el poderoso nombre de Jesús y seas fortalecido en Jehová nuestro Dios. Amén.

¡Padre, fortaléceme!

"Y él se apartó de ellos a distancia como de un tiro de piedra; y puesto de rodillas oró, diciendo: Padre,

> *si quieres, pasa de mí esta copa;*
> *voluntad, sino la tuya. Y se l*
> *del cielo para fortalecerle*

A veces quisiéramos que Dios nos priv... ... ... sinceramente: ¿a quién le gustan las pruebas? En ocasiones nos hemos referido a Dios con la expresión: "Quítame el guante de la cara". Sin embargo, nuestro Señor no estuvo exento a esto. A pesar de su fidelidad al Padre, su entrega al pueblo, su testimonio de honestidad, nada de esto impidió a Judas que lo traicionara ¡Qué prueba! Sin embargo, Dios tenía un plan redentor para la humanidad, y no sería interrumpido por el hombre. Jesús sabía a qué había venido al mundo, él conocía su propósito y su destino. Si supiéramos cómo vamos a terminar en nuestra respuesta al llamado de Dios al ministerio ¿aun así lo haríamos? Habrá momentos como Jesús que le diremos al Padre: *"...Padre mío, si es posible, pase de mi esta copa; pero no sea como yo quiero, sino como tú."* Mateo 26:39

La prueba debilita, hace que lloremos amargamente hasta que sudemos gotas de sangre. Posiblemente habrá gente que sepa de nuestra entrega y hasta nos hayan acompañado en este caminar, pero no están llorando con nosotros, sino descansando como los discípulos de Jesús. Quizá no sea el tiempo de que termine la prueba, pero de algo estoy segura, el Padre envió un ángel para que fortaleciera a su hijo Jesús, él enviará su ángel para que te fortalezca también a ti. Cree en este día que eres fortalecido en el Señor. Afirma en tu oración que eres más fuerte y que te diriges a cumplir tu propósito en Dios, a pesar de la prueba.

Oro en el nombre poderoso de Jesús para que no te debilites durante el proceso, sino que crezcas y madures. ¡Recibe fuerza en el nombre de Jesús! ¡Amén!

Del ejército de Dios

"Porque entonces todos los días venía ayuda a David, hasta hacerse un gran ejército, como ejército de Dios." 1 Crónicas 12:22

Una muy amada hermana en el Señor, de mucho tiempo de convertida y con el ministerio de intercesión, se acercó a mí un domingo, justo antes del comienzo del culto; ella estaba molesta porque llevaba mucho tiempo pidiéndole a Dios que le ayudara en varios asuntos de su vida. La hermana me dijo que estaba tan molesta con Dios que iba a seguir su vida y se iba a olvidar de todo: su trabajo, su matrimonio y su servicio al Señor. Esa mañana Dios me dio la Palabra perfecta para ella, 1 Crónicas 12. Este capítulo parece que no es importante por la mención de tantas tribus y nombres; sin embargo, este capítulo revela las características de un ejército de Dios. Debes estar listo para la guerra, ser esforzado para la batalla, traer tus armas, ser entendido, presto para la lucha, sin doblez de corazón y con corazón perfecto.

Para ser un soldado no solo es importante ser diestro, también es importante la fidelidad al Rey. Sin las anteriores no sólo quedas descalificado, sino que tú mismo a la menor confrontación te retiras, o puedes ser herido de muerte. Muchos son los soldados del ejército de Dios que caen y no se levantan porque una de estas características le faltó. El ataque puede venir aun de los de adentro, como le ocurrió a David. Depende de ti ganar la batalla. Te entregas al enemigo, o lo combates en el nombre del Señor Jesucristo. Nunca pelees solo, busca al ejército de Dios que te cubra. *"Jehová es varón de guerra; Jehová es su nombre"* (Éxodo 15:3).

Oro para que estés firme. Que el Señor te dirija y te dé estrategias para que puedas combatir al enemigo. Afirma en este momento: soy del ejército de Dios, tengo espíritu de guerrero y perseverancia en el nombre poderoso de Jesús. Amén.

Él ha dicho que no se agotará la harina

"Elías le dijo: No tengas temor; ve, haz como has dicho; pero hazme a mí primero de ello una pequeña torta cocida debajo de la ceniza, y tráemela; y después harás para ti y para tu hijo. Porque Jehová Dios de Israel ha dicho así: La harina de la tinaja no escaseará, ni el aceite de la vasija disminuirá, hasta el día en que Jehová haga llover sobre la faz de la tierra." 1 Reyes 17:13,14

Cuando mi esposo David y yo salimos para nuestro primer viaje a Nicaragua y a Costa Rica no estábamos en condiciones económicas para viajar, pero había una necesidad que atender allá entre los hermanos de ese país. Entonces invertimos los últimos ahorros que teníamos en ese viaje. El Señor nos habló a través de una humilde sierva en Costa Rica, Dios nos dijo: *lo que habíamos sembrado no había sido para Costa Rica, ni Nicaragua, sino para su reino. Nos dijo que Él iba a devolvernos en abundancia lo que habíamos invertido.* No tardó la

Palabra de Dios en cumplirse. Cuando llegamos a Puerto Rico comenzamos a recibir bendiciones de todas partes. ¡Dios es fiel!

¿Cómo es que hay gente que dice que no puede dar para la obra de Dios porque no les sobra? Por eso mismo es que no te sobra, porque no le das a Dios primero. Es un misterio, pero cuando le damos a Dios, nunca, nunca nos faltará harina. Esto lo hemos experimentando, levantando la obra en los Estados Unidos. Hemos visto mucho más el cumplimiento de las promesas de Dios en nuestras vidas.

Encárgate de los asuntos del reino y Dios se encargará de tu casa, tu trabajo, tus finanzas. De todo. Haz como la viuda de la historia bíblica, confía que no escaseará tu harina ¡Ningún justo mendigará pan! "... Recordar las palabras del Señor Jesús que dijo: Mas bienaventurado es dar que recibir" (Hechos 20:35). Declara en este día que no se agotará la harina, que Dios suplirá lo que falte.

Oro para que recibas en tu espíritu esta palabra fiel ¡Tu harina no escaseará! Recibe el milagro de la multiplicación en este día en el nombre poderoso de Jesús. Declaro sobre tu vida la misma fe que le fue impartida a la viuda hace miles de años ¡Habrá harina, aceite y abundancia de pan! En su nombre, amén.

Esfuérzate y no temas

"Decid a los de corazón apocado: Esforzaos, no temáis; he aquí que vuestro Dios viene con retribución, con pago; Dios mismo vendrá, y os salvará." Isaías 35:4.

Hay una esperanza hermosa! ¿Para quién? Para todos los que permanezcan en el camino. ¿Cuál camino? Él es el camino. Aunque te parezca incierto el futuro de tu país y te parezca oscuro todo lo que estás viendo; aunque las noticias de la economía mundial no sean buenas, Dios nos ha hecho promesas de retribución. Esta es Palabra de Dios. ¿Para qué tiempo? Para hoy. ¿Para quién? Para nuestras casas, para nuestros hijos, para toda mi familia y mi descendencia, para tu país y el mío. ¡Dios viene con retribución! ¡Él pagará! ¡Él mismo vendrá y os salvará! Esfuérzate, cobra ánimo. ¡No temas!

Si hay alguien que va a quedar en vergüenza en el futuro, no seré yo. Porque yo y mi casa hemos decidido permanecer en el camino. De todas formas, nosotros correremos, nosotros esperaremos. Estas palabras fueron dichas miles de años atrás, pero para Dios lo mismo es un día que mil años. Si están escritas en la Biblia es porque Él quería que tú y yo las leyéramos y las tuviéramos en este tiempo para recibirlas. ¡Declárala y recíbela! Declara en este día que no habrá temor en tu vida y que recibes fuerzas de Dios para seguir. Afirma sobre tu casa que Dios viene con retribución.

Oro para que tu corazón se esfuerce en esta hora y para que veas la retribución y salvación de Dios en tu casa. Declaro junto a ti en este momento que viene Dios con pago. Que tu corazón no estará más apocado y hasta hoy estuvo el temor en tu vida.

¡Hoy tú decides creerle a Dios! ¡Amén!

El monte será reducido

"He aquí yo estoy contra ti, oh monte destruidor, dice Jehová, que destruiste toda la tierra; y extenderé mi mano contra ti, y te haré rodar de las peñas, y te reduciré a monte quemado." Jeremías 51:25.

Cristo utilizó los montes para muchos de sus sermones. Utiliza como ejemplo un monte para enseñarnos cómo tomar autoridad de las cosas que estorban en nuestra vida y hablarles para que se muevan. Precisamente este texto presenta a Dios hablándole a un monte. Un monte que destruye *toda* la tierra. El mensaje es profetizado específicamente para una ciudad del Antiguo Testamento; sin embargo, voy a atreverme a usar este monte para referirme a otros en la actualidad. Montes con nombres tales como: violencia, maldad, divorcio, abuso infantil, drogas, etc. Éstos son los montes que en la actualidad yo les llamo destruidores.

La Biblia, que es la absoluta verdad, dice que hace miles de años Dios formó los montes y le habló a este monte en particular. Sí, hace miles de años nuestro Dios le habló y le anunció su fin al monte destruidor. El mismo Dios le ha dicho al monte: *muévete*, y no sólo muévete, sino: *¡no vas a ser más!* Cuando un monte se quema, se hace ceniza y no vuelve a nacer nada de esas raíces. Se seca totalmente. ¡Alabo a Dios! Ya fue decretado el tiempo en que toda iniquidad y maldad será reducida a ceniza y no será más.

Por lo tanto, sea para este siglo o para el venidero, para mí el tiempo del cumplimiento es ahora. Yo le digo al monte destruidor, que destruye matrimonios, ministerios, pastores y sus familias, finanzas, salud, emociones, ¡destruidor de todo!: *¡Hazte cenizas ahora!*

¡Redúcete en el poderoso nombre de Jesús! Los hijos de Dios son libres de tu opresión y declaran hoy su libertad absoluta.

Oro para que este monte sea reducido de una vez y para siempre y declaro junto a ti que en tu casa cualquiera de estos montes no queda de pie en el poderoso nombre de Jesús. ¡Amén!

Jehová, justicia nuestra

"En sus días será salvo Judá, e Israel habitará confiado; y éste será su nombre con el cual le llamarán: Jehová, justicia nuestra." Jeremías 23:6.

Justicia se define como: virtud que se inclina a dar a cada uno lo que pertenece o lo que corresponde. Utilizamos con frecuencia la palabra justicia: "quiero que Dios me haga justicia, oro para que Él me haga justicia, yo confío en su justicia". Todos, alguna vez hemos dicho esto. ¿Es justo que pidamos justicia? ¿Es justo pedir que me otorguen el dinero de la pensión que les corresponde a mis hijos? ¿Es justo que yo pase por el divorcio, y el otro se quede con todo? ¿Es justo que yo esté enfermo y otros disfruten la vida? ¿Es justo?

Me llama la atención el caso donde el rey Salomón sirve de juez entre dos mujeres que reclamaban ser madre de un mismo niño. Una había matado a su niño acostándose sobre él y se lo cambió a la otra. Ambas fueron a juicio y las dos decían ser la madre. Tremendo debate. *Córtenlo por la mitad y que cada una se lleve una parte a su casa. Eso es equidad. ¡No!*, gritó una de las dos mujeres: *no lo corten, denlo a ella.* ¡Esa era la verdadera madre! (1 Reyes 3:16-28).

Hay quienes quieren justicia para que la otra parte quede trasquilada. Habrá quienes no le importe esto, porque lo que quieren es retribución. Están hartos de ser ellos los que sufren. Pero ¿y qué hago? Amado, en el Señor yo te diría que te quedes quieto. Esto no te va a gustar, pero quédate quieto. Él es Juez justo. Su nombre es Jehová justicia nuestra. Si te quedas quieto y no peleas en lo humano, ¿no crees que Él vaya a pelear por ti? Si aún no lo crees, permíteme decir que pecas por falta de fe. No le crees a Dios y tus argumentos son tus herramientas humanas. Él es un Dios justo. Si está obrando bien, no tienes por qué temer. La Biblia dice: *"Y el fruto de justicia se siembra en paz para aquellos que hacen la paz"* (Santiago 3:18).

Oro para que haya una renovación de mente. Que el Espíritu de Dios queme con su fuego toda raíz de pleito en tu vida. Oro para que recibas un bautismo de paz y justicia de Dios. Declaro sobre tu vida que Jehová defiende tu pleito con justicia. En Su poderoso nombre. ¡Amén!

Derriba, edifica y planta

"He aquí que ellos me dicen: ¿Dónde está la palabra de Jehová? ¡Que se cumpla ahora!" Jeremías 17:15.

● Te han hecho esta pregunta alguna vez? A nosotros nos han hecho esta pregunta muchas veces, aunque no directamente. La Palabra de Dios muestra a muchos profetas y a Jesús mismo en esta situación, enfrentando la opinión pública. En primer lugar, Dios nos escoge para una asignación especial. Primero te conoce, luego te forma. Pero antes de formarte ya estás santificado para la misión. *"Antes que te formase en el vientre te conocí, y antes que nacieses, te santifiqué, te di por profeta a las naciones"* (Jeremías 1:5). Dios no acepta excusas de menosprecio hacia nosotros mismos. No digas: *"...soy niño"* (v.6). Dios nos prepara poniendo su palabra en nuestra boca.

Toda Palabra que Dios da, aunque sea de juicio para arrancar y destruir, termina siendo para edificar y plantar. El profeta continúa en el versículo 10: *"Mira que te he puesto en este día sobre naciones y sobre reinos, para arrancar y para destruir, para arruinar y para derribar, para edificar y para plantar"*. Dios no envió al profeta a destruir vidas, ni seres humanos. Él iba a estar sobre reinos y naciones. Tú y yo tenemos la tarea de derribar y destruir e ir sobre el reino de las tinieblas solamente. Dios nos envía como profetas suyos a esta humanidad para que edifiquemos vidas, las que el enemigo ha roto, para plantar su palabra, el evangelio de salvación, las buenas nuevas, y para plantar esperanza de un porvenir glorioso. En este mismo capítulo 1 versículo 11, Dios le pregunta al profeta: *"... ¿Qué ves tú, Jeremías?..."*. Inmediatamente, vemos a un profeta con visión de Dios. El siervo de Dios llamado por Él, tiene su boca, sus palabras, sus manos y también su visión.

Oro para que sobre tu vida permanezca el llamado de Dios para edificar y plantar en la vida de otros. ¡Créelo! tú derribas fortalezas del enemigo en el poderoso nombre de Jesucristo. ¡Amén!

Lo que heredé lo he de poseer

"... Así, todo lo que desposeyó Jehová nuestro Dios delante de nosotros, nosotros lo poseeremos." Jueces 11:24.

Imagina que vienen a quitarte una herencia que tu padre te ha dejado. Ahora imagina que la persona que viene a quitarte tu posesión reclama que esa herencia era de sus padres y que tus padres se la quitaron. Esto ocurrió entre los amonitas e israelitas. Los primeros reclamaban la tierra que Dios le había dado a su pueblo, pero los israelitas sabían dos cosas: en primer lugar la verdadera historia, esto que contaban los amonitas no era la verdad, le falta una parte a su historia. En segundo lugar sabían que ellos la poseyeron y que les correspondía justamente, (ver Jueces 11).

¿Conoces tu historia en Cristo? ¿Sabes qué te corresponde solo por ser su hijo? Cuando conozcas tu identidad en Cristo y lo que te corresponde como su hijo, te atreverás a negarle rotundamente al enemigo que te quite lo que ya es tuyo. Esto es tomar posición respecto a la posesión. Muchos hijos de Dios están perdiéndose la bendición espiritual porque no se reconocen como hijos de Dios. Pablo dijo: *"Bendito sea el Dios y Padre de nuestro Señor Jesucristo, que nos bendijo con toda bendición espiritual en los lugares celestiales en Cristo... en amor habiéndonos predestinado para ser adoptados hijos suyos por medio de Jesucristo, según el puro afecto de su voluntad."* (Efesios 1:3,5) ¡Eres hijo! ¡Tienes derecho a sus bendiciones espirituales!

Oro para que tú apropies de esta palabra. Tu vida estará llena de bendiciones espirituales a partir de este momento, porque declararás esta palabra toda vez que vayas a pedir al Padre algo en el nombre de Cristo. Declaro sobre tu vida que tomas autoridad en el nombre que es sobre todo nombre, y que no cedes al enemigo ningún derecho. ¡Toma tu posesión y no la entregues! En Cristo Jesús. ¡Amén!

Visión

"A la séptima vez dijo: Yo veo una pequeña nube como la palma de la mano de un hombre, que sube del mar. Y él dijo: Ve, y di a Acab: Unce tu carro y desciende, para que la lluvia no te ataje." 1 Reyes 18:44

¿Cuántas veces subió el siervo de Elías al monte a mirar sobre el mar para ver si venía la lluvia que Elías había predicho? ¿Cuántas veces estamos esperando un milagro en nuestras vidas y podemos estar en la misma presencia del milagro, pero no lo vemos? Y es que nuestro milagro no depende de nuestra vista física, sino de nuestra fe.

La fe es mi confianza en que algo va a ocurrir y el convencimiento de que va a venir lo que estoy esperando. El siervo de Elías subía al monte y no veía ninguna señal de que iba a llover. Otra vez fue y seguía sin ver, pero la séptima vez vio. Estoy segura que desde antes esa nubecita estaba en el cielo pero no la veía. Sin embargo, cuando dijo: *"yo veo..."*, entonces en el mundo espiritual algo ocurrió.

Tú y yo tenemos una autoridad en el Señor que, cuando declaramos en fe, el milagro ocurre. A esto se refirió Jesús cuando dijo que *si tuvieras fe del tamaño de un grano de mostaza, tú le dirías a la montaña que se mueva* y, ¿qué va a pasar con la montaña?, ¿qué ves en tu matrimonio?, ¿qué ves para tu familia?, ¿qué ves en tu espíritu que va a ocurrir en el ministerio? ¡Oh amado!, comienza a confesar con tus labios lo que estás viendo que va a ocurrir, y di como dijo Elías: *corre porque una gran lluvia viene.* Recibe en esta hora tu medida de fe. ¡Llénate de confianza! Espera tu milagro. No te rindas ante las circunstancias.

Oro para que Dios te corra el velo, tus ojos sean abiertos y puedas tener visión de lo que estas esperando. En el poderoso nombre de Jesús. ¡Amén!

Misericordia quiero

"...porque yo soy Jehová tu Dios, fuerte, celoso, que visito la maldad de los padres sobre los hijos hasta la tercera y cuarta generación de los que me aborrecen, y hago misericordia a millares, a los que me aman y guardan mis mandamientos." Deuteronomio 5:9,10

Pero, ¿no fue Esaú el que menospreció la bendición de la primogenitura? ¿Ahora es importante la bendición de su padre? ¿Ahora se molesta porque su padre ha bendecido a su hermano con la bendición que le tocaba a él?

¿Te ocurrió alguna vez cuando niño que veías a tu hermano hacer algo malo y esperando que tu mamá o papá lo corrigieran, te llevas la sorpresa de que hacen lo contrario? Entonces, le dan un consejito y ya, mientras tú esperabas que le castigaran. ¡Sí!, nos ha pasado a todos. Esaú ahora se da cuenta lo importante que hubiese sido quedarse con su pequeña bendición de primogenitura que un día despreció y vendió a su hermano bajo juramento. ¡Se dio cuenta tarde! Ahora su molestia es mayor. Su padre en lugar de despreciar a su hermano, castigarlo, desheredarlo porque le robó la bendición bajo engaño, lo vuelve a bendecir enviándolo lejos de casa pero con tremenda bendición.

¿Qué pasó en esta familia? Isaac, hombre de Dios, hombre que llevaba la bendición de la promesa, no pudo hacer más que lo que Dios hubiera hecho con él. Reaccionó lento para la ira, pero grande en misericordia. Jacob, ciertamente pagó las consecuencias de sus malas acciones. Sin embargo, su destino fue de mucha bendición, por cuanto hubo humillación, restauración y un nuevo comienzo a causa de la obediencia. Esaú por el contrario, salió de la presencia de sus padres con ira y con una palabra de muerte en sus labios, juró matar a su hermano adoptando una conducta de enojo, odio y rebeldía.

Cuando nosotros tomamos actitudes con el fin de castigar o tomar venganza contra otros, a quienes castigamos y dañamos en realidad, es a nosotros mismos y a nuestra generación. Este día te ofrece la oportunidad para que restaures relaciones perdidas. Vamos a edificar en lugar de destruir. Amar en lugar de odiar. ¡Escojamos perdonar! De seguro, Dios nos dará mejor herencia y bendición cuando elijamos correctamente.

En el nombre de Jesucristo rechazamos el enojo. Le decimos al enojo que cese y que hasta hoy estuvo presente en tu vida. Declaro en el poderoso nombre de Jesús que ninguna contienda ni disensión toma parte en tu familia. ¡Así sea! Amén.

Por siempre

"Y hasta la vejez yo mismo, y hasta las canas os soportaré yo; yo hice, yo llevaré, yo soportaré y guardaré." Isaías 46:4

Hace muchos años atrás existía en Puerto Rico un programa llamado *¡Qué pueblito!* Este programa trataba los problemas políticos y sociales del país a modo de comedia. Al final de los comentarios, con sarcasmo expresaban lo antes mencionado: "¡Qué pueblito!". Me pregunto si el Señor dirá esto de nosotros cuando nos ve desde su morada y observa a sus hijos paralizados, cuando Él ha dicho: *"Yo soportaré y guardaré."* Atribulados, cuando Él ha dicho: *"Yo llevaré."* Perdidos y sin dirección, cuando Él ha dicho: *"Y guardaré"*. Él nos hizo para que tengamos paz y seamos gente de hermosura espiritual como hijos que somos de Él. Por no entender esto, su pueblo fue llevado a cautiverio, a esclavitud.

Hoy es igual. El mundo permanece en esclavitud. El evangelio de Jesús son ¡buenas noticias! No es andar con la cara mirando al piso. ¡Somos su máxima creación! Jehová, a pesar de cansarse de las actitudes de su pueblo Israel, les prometió más bendiciones. Entre ellas, que no les dejaría, que los sustentaría y los llevaría de la mano. ¡Gloria a Dios! ¡Qué Dios tan bueno! No importa nuestra infidelidad, *hasta tu vejez, y tus canas, yo estaré contigo.* Me encanta lo que dice el versículo 10 de este mismo capítulo: *"Mi consejo permanecerá, y haré todo lo que quiero"*. ¡Amén! Ese es el Dios que nosotros servimos. Dios va a llevar a cabo su plan de bendecirte hasta el final.

Dios le está diciendo al pueblo: *yo fui el que los creé, yo los llevaré de la mano, yo seré responsable de ustedes, ¡los guardaré!* Toma esta palabra y hazla tuya. Repite a tu alma: *Él ha dicho que Él mismo me llevará, y me sostendrá.* Dile a tu alma: *"Yo le creo a mi Dios".*

Te bendigo en el nombre del Padre Todopoderoso. ¡Recibe fe en esta hora! Él está guardándote. ¡No lo dudes!

Dios no se olvidará de ti

"Y se acordó Dios de Noé, y de todos los animales, y de todas las bestias que estaban con él en el arca; e hizo pasar Dios un viento sobre la tierra, y disminuyeron las aguas. Y se cerraron las fuentes del abismo y las cataratas de los cielos; y la lluvia de los cielos fue detenida. Y las aguas decrecían gradualmente de sobre la tierra; y se retiraron las aguas al cabo de ciento cincuenta días." Génesis 8:1-3

Cuántas veces nos hemos preguntado hasta cuándo durará esta prueba? Pienso en Noé y su familia quienes estuvieron en un arca por tanto tiempo. Cuarenta días llovió sin cesar. Después de esto, esperaron meses hasta que las aguas bajaran completamente hasta que el arca se anclara. Finalmente, aguardaron semanas hasta que recibieron la señal de que podían poner los pies sobre la tierra. ¡Detenidos en un arca! Acompañados por animales, sin otras familias excepto las de ellos mismos, ¡sin televisión, sin celulares, sin internet, sin comunicación!

¿Acaso no estaría la pregunta en su mente de por qué Dios, quien es Omnipotente, no terminaba de bajar las aguas y secar la tierra? ¡Dios no lo hizo inmediatamente! Ocurrió poco a poco.

Dios es un Dios de procesos. Habrá cosas que tomen un instante como un milagro de sanidad, o una situación de emergencia como la del profeta Elías cuando pidió fuego. Eso no podía esperar. Dios sabe todo.

Espera el tiempo que tengas que esperar, espera creyendo en tu corazón que va a ocurrir y que será pronto. No te digo que esperar es fácil ¡no! A nosotros no se nos ha hecho fácil esperar para ver lo que Dios ha prometido por años. Pero, las aguas van a bajar. ¡Aleluya! ¡Van a disminuir! Qué bueno es saber que todo tiene su tiempo y nuestra prueba tiene fecha de expiración. El Soberano está en control y Él sabe dónde exactamente va anclar nuestra arca. Padre, tú estás en control. Tú sabes si el lugar en que vamos a colocar nuestros pies es seguro. Tú no dejarás que ninguno de tus hijos camine sin dirección. Tú nos guardas y a tiempo nos sacarás a puerto seguro.

Oro para que las aguas bajen y tú puedas salir a caminar en seco. Declaro sobre tu vida y los tuyos un tiempo de reposo y de serenidad. Declaro que tu tormenta pasa y puedes ver tierra donde afirmar tus pies. En el nombre de Jesús. ¡Amén!

Su mano te restaura

"y volveré mi mano contra ti, y limpiaré hasta lo más puro tus escorias, y quitaré toda tu impureza." Isaías 1:25

En el 2009, cuando nos encontrábamos en una misión en Ohio, en una ocasión mi esposo llegó con una mesa de comedor. La habían dejado en un lugar donde donaban muebles. La recogimos, y comenzamos la tarea de lustrarla, pulirla, sacarle las manchas, atornillarla y limpiar los cojines. Luego le compré un mantel y le puse un centro de mesa. Ahí estaba nuestra mesa de comedor ¡restaurada totalmente! Nadie sabía cómo era originalmente.

Así Dios ha hecho con nosotros. ¡Nos lavó! Estamos restaurados. ¿Por qué hay gente que insisten en enseñar las heridas y las manchas? Ya Dios las cubrió porque *el amor cubre multitud de pecados* (1Pedro 4:8), y eso fue lo que hizo Dios contigo y conmigo. Dios está dispuesto a poner sus manos sobre nosotros y limpiarnos y quitarnos las impurezas. ¡Él es bueno y misericordioso! Somos sus vasos de honra. Su obra de arte de excelencia. Si Él nos limpió, ya no podemos vernos, ni nadie nos puede ver, como escoria y mucho menos con impureza.

Padre, gracias porque nos limpiaste. Tomaste tiempo para restaurarnos y sacar la impureza. Oro para que tu gracia restauradora limpie, purifique y quite cualquier impureza del corazón. ¡Restáurales en el nombre poderoso de Jesús! Amén.

Desatando las cadenas

"Cuando comenzó a reinar Joacim era de veinticinco años, y reinó once años en Jerusalén; e hizo lo malo ante los ojos de Jehová su Dios. Y subió contra él Nabucodonosor rey de Babilonia, y lo llevó a Babilonia atado con cadenas. También llevó Nabucodonosor a Babilonia de los utensilios de la casa de Jehová, y los puso en su templo en Babilonia." 2 Crónicas 36:5-7

Ministros de adoración, pastores, líderes laicos, y otros muchos siervos de Dios han caído de la gracia de Dios. Estas noticias se reciben con mucho dolor de parte de quienes tenían su confianza en hombres y mujeres de Dios. No es nada diferente de lo que le ocurrió al pueblo de Israel y a muchos de sus reyes. Joacim, rey de Jerusalén fue llevado a Babilonia atado con cadenas. Luego de haber recibido el favor y el honor de Dios, fueron llevados en cautiverio. No solamente fueron llevados encadenados ellos, sino también los utensilios de la casa de Dios.

Esto es lo que hace el enemigo. Te seduce para que peques y te encadena para llevarte a un lugar de vergüenza. Tus dones (utensilios), los que Dios puso en tus manos para su servicio, ahora el enemigo los usa para el beneficio de su reino. Hoy día, quizás no vemos un cautiverio como este ejemplo de la Biblia, pero sí vemos otro tipo de cautiverio, vicios que las personas no pueden dejar. Este tipo de ataduras están sobre personas aun dentro de ministerios de la casa de Dios. Dios dijo: *"Sed santos, porque yo soy Santo"*. Es decir, Dios demanda santidad, ¡sí! Produce lástima escuchar a algunos predicadores modernos hablar de todo menos de la santidad en la casa de

Dios. Si ésta no fuera importante, Dios no la hubiese mencionado en su Palabra. Precisamente encontramos en la Palabra de Dios la frase: *"hizo lo malo ante los ojos de Jehová su Dios. Y subió contra él Nabucodonosor rey de Babilonia, y lo llevó a Babilonia"*. O sea, el cautiverio fue consecuencia de hacer lo malo delante de Dios, porque ninguna maldición viene sin causa. Identifica en tu vida acciones, actitudes o costumbres que te tienen en cautiverio. ¡Renuncia a todos ellos y arrepiéntete! Dios va a colocarte en la posición donde Él coloca a sus vasijas de honra, en su casa.

Oro para que haya libertad en tu vida y en la de los tuyos. Desato en el poderoso nombre de Jesús las cadenas y los grilletes que están sobre los tuyos. Declaro, y declara tú también, libertad en el nombre que es sobre todo nombre, ¡en el poderoso nombre de Jesús! ¡Amén!

Otra oportunidad

"Y volviendo el ángel de Jehová la segunda vez, lo tocó, diciendo: Levántate y come, porque largo camino te resta." 1 Reyes 19:7

Qué bueno es saber que contamos con un Dios de oportunidades. Por primera vez el profeta de Dios, el que vivía en lo sobrenatural, ahora tiene miedo. ¿Habrá ido alguien a buscarlo? ¿Se acordarán de él sus amigos, sus hermanos, o aquellos que una vez lo acompañaron en el ministerio? Queda sujeto a nuestra imaginación. Puede ser que Elías, al igual que muchos de nosotros, haya escuchado su voz interna diciéndole: *esto es muy riesgoso, mejor que lo haga otro, ya tú has trabajado mucho, vas a perder mucho, retírate ahora, nadie te va a agradecer este sacrificio.* Sin embargo, Dios buscó a Elías, le habló y le invitó *nuevamente* a que saliera de la cueva. Dios tenía más para él. ¡Imagínate! ¡Más! Un profeta que pedía fuego y descendía fuego, que declaraba que lloviera y llovía. ¡Qué profeta! ¿Cuál sería el nivel que se estaba perdiendo si ya vivía en lo sobrenatural de Dios? Elías decidió dejarlo todo ahí, para él ya había sido suficiente lo que había hecho. Hoy Dios vuelve por segunda o tercera vez a decirnos: ¡sal del desánimo!, ¡sal de la soledad!, ¡no te quedes ahí! Estoy aquí para acompañarte por este desierto y llevarte a tu destino glorioso.

¡Hay más! Si decides quedarte en la cueva corres el riesgo de perder la bendición de explorar otro nivel y siempre quedaría la pregunta ¿qué fue lo que me perdí? La obra de Dios en la tierra no se termina porque nosotros decidamos dejarlo todo. ¡No! Él levanta a otros y los unge para continuar. ¿Se te acabó el alimento espiritual? Come otra vez la Palabra de Él, come del rollo. ¡Sáciate y bebe de nuevo de sus aguas! Solo así podrás cobrar fuerzas y continuar.

En este instante ¡te estás levantando!, ¡estás prosiguiendo a tu meta!, ¡Él te ha tocado de nuevo! Oro para que alcances ese propósito. ¡Tienes otra oportunidad! En el poderoso nombre de Jesús. ¡Amén!

Sometiendo al enemigo debajo de nuestros pies

"Perseguí a mis enemigos, y los alcancé, y no volví hasta acabarlos. Los herí de modo que no se levantasen; cayeron debajo de mis pies." Salmos 18:37,38

Jesús dijo a Pedro: *"... ¡Quítate de delante de mí, Satanás!; me eres tropiezo..."* (Mateo 16:23). Es decir, que no le habló a Pedro directamente, sino a un espíritu inmundo que se aprovechó de la ocasión y habló a través de Pedro. Otra idea similar es cuando Pablo dice: *"Porque no tenemos lucha contra sangre y carne, sino contra principados, contra potestades, contra los gobernadores de las tinieblas de este siglo, contra huestes espirituales de maldad..."* (Efesios 6:12). Estos textos bíblicos me permiten decirte que tenemos otros enemigos que debemos enfrentar y no son necesariamente personas físicas que nos están haciendo daño, sino lo que está operando detrás de esas personas.

Hoy día tenemos enemigos a los cuales tú y yo debemos decirles, *¡quítate!* y luego acabarlos para que no se levanten más. Mencionaré solo algunos a modo de ejemplo: eres ligero para reaccionar con ira y por más que intentas controlarte no puedes, o constantemente hablas mal de otras personas hasta calumniarlos. Descubre cuál es ese enemigo que te ha tenido por un tiempo sometido. ¡Persíguelo hasta alcanzarlo!, ¡hiérelo hasta acabarlo! Una vez que caiga al piso, somételo a la planta de tus pies. Ponte sobre él y asegúrate de que no se levante más.

Muchos creen que porque no tienen ningún vicio o porque llevan años en la iglesia y conocen las Escrituras no son manipulados por los espíritus enemigos de Dios. ¡No! un cristiano puede estar pecando dentro de la iglesia y estar así por años. No es hasta que persigas a esos enemigos y los acabes que tú pasarás a ser el hombre o la mujer de Dios que Él quiere que seas. ¡Acaba con el mal humor! ¡Acaba con la murmuración! Dile, *¡Quítate!* No te levantes más. ¡Estás debajo de mis pies!

Es mi oración por ti en esta hora que se someta todo enemigo de Dios a la planta de tus pies. ¡Quedan sometidos ahora en el poderoso nombre de Cristo! ¡No se levantan más! ¡Amén!

El pan de balde

"*Considera los caminos de su casa, y no come el pan de balde.*" Proverbios 31:27

Este texto fue escrito para describir a la mujer virtuosa, pero en este nuevo siglo son más y más los hombres que se encuentran en sus casas mientras sus esposas trabajan fuera del hogar. Así que, de alguna manera, el siguiente relato aplicará lo mismo a mujeres como a hombres.

Hace un tiempo en mi vida cristiana yo estaba viviendo en el ocio. Fue una etapa en que me quedé en casa y no trabajé más. Ya nuestros hijos manejaban sus autos y no había que llevarlos a la escuela. Me dediqué a sentarme gran parte del día frente al televisor y ver los programas de más *rating* en nuestro país. Mi rutina comenzaba viendo desde los programas que sirven para que las personas ventilaran sus problemas personales (que eran bochornosos), hasta la última novela de la noche. ¡Qué horror! Cuando miro hacia atrás y veo el tiempo perdido, oro por perdón. ¡Necesité orar para perdonarme yo misma! Aunque hacía los deberes de la casa, y cuando mi esposo e hijos llegaban ya todo estaba listo, vivía en el ocio. Si alguien me llegaba a decir esto para ese entonces, quizás me hubiese defendido como gata boca arriba.

Proverbios describe la mujer sabia, la que todas quisiéramos ser. Esta mujer, entre tantos atributos buenos que tiene, uno de los que hoy me ministra es que *"considera los caminos de su casa y no come el pan de balde."* O sea, sabe dónde está su lugar y no come por comer, considera el presupuesto antes de gastarlo, no se sienta a gastar la compra que ella no ha trabajado. Hay tantas maneras de aplicar este versículo y estoy segura que encontrarás otras interpretaciones. Lo importante es que ministre hoy a tu vida. Piensa en qué inviertes tu tiempo. Recapacita y haz cambios que favorezcan y fortalezcan tu vida familiar y tu relación con Dios. No solo aplica a mujeres, hemos visto casos de hombres que este estilo de vida les gusta, (aunque no el de *shopping*). Hoy día mi rutina es otra y mi vida también. Al cambiar mis malos hábitos he visto el fruto y estoy segura que mi familia también. ¡A Dios la gloria! Para mí la vida de ocio quedó atrás hace mucho tiempo. Si tú dejas que Dios intervenga en ti tú también podrás hacerlo.

Oro contigo en esta hora. Declara en el nombre poderoso de Jesús y en su autoridad habla a la pereza y dile: ¡Sal y no vuelvas más! Declara tu libertad en Jesús. ¡Amén!

La peña de la división

"y dijo a David: Más justo eres tú que yo, que me has pagado con bien, habiéndote yo pagado con mal." 1 Samuel 24:17

Saúl le había declarado la guerra a David. Un mal entendido y un celo que atrapó a Saúl hicieron que éste convirtiera a uno de sus hombres más leales en su enemigo. Hubo un momento en la persecución en el que ambos estuvieron en un mismo monte, uno a cada lado. A Saúl le llega la noticia de que mientras él estaba en esta persecución los filisteos estaban invadiendo su ciudad, así que tuvo que abandonar la persecución e ir a atender el asunto de los filisteos que era mayor y más serio. Hay asuntos más serios que atender dentro del pueblo de Dios que el de perseguir a mi hermano o entrar en una guerra. Ciertamente si tenemos que pelear contra alguien, es contra el adversario enemigo de Dios y de sus hijos. ¡Abre los ojos! La contienda entre hermanos crea división. Saúl iba por un camino y David por otro, en el mismo monte pero por diferentes caminos. A esa división le llamaron *sela hama lecot* que en hebreo significa, la peña de las divisiones.

Oremos para que dentro del pueblo de Dios esta piedra no exista y si existe, porque la hemos provocado alguno de nosotros, la saquemos en el nombre del Señor. *"Más os ruego, hermanos, que os fijéis en los que causan divisiones y tropiezos en contra de la doctrina que vosotros habéis aprendido, y que os apartéis de ellos"* (Romanos 16:17). ¿Apartéis? ¿Es eso lo que leíste? ¡Sí!, un siervo o sierva de Jesucristo saben cuándo tienen que apartarse de alguien para no seguir creando división en el pueblo de Dios.

David decidió por un tiempo irse a vivir a tierra de los filisteos para que Saúl lo dejara en paz. No te digo que huyas de las personas,

¡no! huye de la división, de la contienda entre hermanos. ¿Sabes lo que hizo que Saúl desistiera de perseguir a David? ¡El amor! ¡Sí! David amaba tanto que perdonó la vida a Saúl cuando pudo haberle matado. Así que si quieres desarmar al enemigo ¡ama y perdona!

Padre, en el nombre de Jesús oro para que los que hoy están leyendo esta reflexión puedan evaluarse. Oro para que sus corazones sean sanados y para que el Espíritu Santo venga sobre ellos y corra todo velo que no los dejaba ver. ¡No más peña!
En el poderoso nombre de Jesús. ¡Amén!

Sobrenatural

"Y le trajeron un sordo y tartamudo, y le rogaron que le pusiera la mano encima." Marcos 7:32

Dios tiene su manera de hacer las cosas. Ningún milagro tiene un patrón específico. No podemos encajonar las cosas a nuestra manera. En este milagro vemos a Jesús hacer algo atípico. Metió los dedos en las orejas del muchacho, escupió y luego tocó la lengua y gimió: "Sé abierto." El muchacho fue sanado. El modo en que Jesús llevó a cabo este milagro hoy día hubiese desatado una tremenda controversia y discusión. Sin duda tendría que enfrentarse a la crítica pública y probablemente a una citación con el Departamento de Salud.

¿Cuál es el milagro que tú estás esperando? ¿Crees que Dios lo puede hacer? ¿Dejarías que Él te haga como le hizo al muchacho sordo? El mismo Cristo que lo hizo en ese entonces lo puede hacer hoy. Solo deja que Él sea quien decida cómo será el proceso. No le digas como tiene que hacerlo. Posiblemente tu caso no sea como el de otra persona, cada caso es particular para nuestro Señor. Yo sé que si Él ordena a tu situación, a tu enfermedad, a tu condición sea cual sea, Él lo hará con la misma autoridad que lo hizo con aquel muchacho. Estoy segura que también gemirá por ti y dirá ¡Sé abierto!

Oro para que ocurra tu milagro. Para que Cristo te toque, ponga su mano sobre ti y tú nunca vuelvas a ser el mismo. En el nombre de Jesús. ¡Amén!

No escapes, confía

"En Jehová he confiado; ¿Cómo decís a mi alma, que escape al monte cual ave?" **Salmos 11:1**

Mi esposo y yo enfrentábamos un reto muy grande dentro del ministerio. Era uno de esos momentos que en lo humano no se veía ninguna salida. Un día salimos al campo de Medina en Ohio, llegamos a un bosque para meditar y orar los dos solos, frente a nosotros había un gran lago rodeado del esplendor de muchos árboles cambiando sus hojas de verano por las de otoño. Estábamos solos y se escuchaba el viento soplar entre los árboles y por momentos el viento cesaba y luego volvía más fuerte. A lo lejos escuchábamos los patos con su sonido particular. Mi esposo y yo queríamos descansar fuera del lugar de rutina, para reclinar nuestro cuerpo y cabeza, utilizamos uno de los bancos de madera que eran bastante duros. Por aire acondicionado teníamos el oxígeno natural de los árboles del bosque con su suave brisa sonando a nuestros oídos. Por fondo musical escogimos el sonido espontáneo de los patos que nadaban cerca. Comencé a soñar despierta. Por un momento pensé que ese inmenso lago de aguas eran nuestras situaciones en el ministerio. Nosotros éramos esos patos nadando por encima del inmenso lago y aunque por abajo nuestras patitas iban muy rápidas y aceleradas, aunque luchábamos para mantenernos a flote, estábamos nadando serenamente. Por encima de los patos volaban los buitres y alrededor pasaban algunos botes, pero los patos seguían flotando. Sentí la ministración del Espíritu Santo decir a nuestras vidas: *Sigan flotando, naden sobre las aguas aunque lo que vean en estos momentos sean buitres ¡no teman! Ese sonido del viento soplando soy yo que estoy entre ustedes.* ¡Alabado sea Dios!

Cuando decidimos esperar en el Señor debemos hacer como los patos, flotar y nadar. Es cierto que existe el lago de problemas. Posiblemente no estamos en un lugar cómodo (banco de madera duro). Quizás no puedo cerrar los ojos para dormir (hay buitres volando), pero al igual que David nosotros confiamos en el Señor y eso nos otorgó el descanso. Así tú podrás confiar, esperar y descansar. El salmista dijo: *"¿Cómo le decís a mi alma, que escape al monte cual ave?"*. El salmista reprendió el sentimiento de escapar del problema, decidió confiar en Jehová. ¿Cómo te sientes en este momento de tu vida? ¿Deseas escapar? ¿Has probado confiar y esperar en Dios?

En el nombre poderoso de Jesús te imparto confianza. Dile a tu alma que en Dios has confiado. Los que esperan en Él no serán avergonzados. ¡Espera!

Tienes autoridad

"y despojando a los principados y a las potestades, los exhibió públicamente, triunfando sobre ellos en la cruz." Colosenses 2:15

Era sábado y nos dirigíamos a uno de los parques de atracciones más grande de Ohio. Ese día íbamos a asistir por la noche al concierto de una agrupación musical cristiana muy conocida en Estados Unidos. Finalizado el concierto, de camino a la salida principal del parque, teníamos que atravesar un túnel que ellos habían creado como una atracción principal de *Halloween*. A las 10:30 de la noche cuando atravesábamos ese túnel no se podía ver nada por la cantidad de niebla que ellos provocaron. Las máquinas para estos efectos estaban por todos lados. De repente, sin ninguna anticipación salían monstruos, demonios, caras de muertos, etc. para asustar a los que transitaban. No solamente asustaban, te perseguían y te intimidaban. ¡Fue horrible! Comencé a orar y pedirle a la sangre de Cristo nos cubriera. De súbito tengo frente a mí a uno de los demonios. El hombre se llevó el susto antes que yo, pues yo del espanto lancé un golpe, *¡upss! no fue mi intención*. Mientras le decía en voz alta: *Apártate en el nombre de Jesús y no me toques.*

Les digo algo, parece un chiste, pero no, era algo literalmente diabólico. Todos los que tuvimos la experiencia así lo sentimos. Esto se convirtió en una lucha espiritual, y es que nosotros no debemos entrar en el terreno del enemigo. Inmediatamente el hombre regresó y me retó con la pregunta: ¿*me piensas dar?*, es en ese momento que llega uno de nuestros hijos y se pone en medio de nosotros y con autoridad le dice al hombre: *Déjala* .¡Wow!, ¡eso fue suficiente, se fue! Esto es lo que ocurre en el mundo espiritual que nosotros no vemos. El enemigo que no descansa contra nosotros quiere atemorizarnos y llenarnos de temor, pero Dios nos ha dado autoridad y en su nombre el enemigo tiene que retroceder y huir. ¡Él triunfó sobre ellos! Cristo enfrentó a Satanás en el desierto y le dijo: *Vete de mí Satanás.* Así que dile al enemigo: *¡Vete y déjame!* Y que no vuelva más.

Oro para que recibas autoridad espiritual mediante la búsqueda de la santidad de Dios. Pido a Dios que te llenes de Él en esta hora. Que toda opresión demoníaca huya en el poderoso nombre de Jesús. ¡Tienes Autoridad!

Para ti es el descanso y el reposo

"El temor de Jehová es para vida, y con él vivirá lleno de reposo el hombre; no será visitado de mal." Proverbios 19:23

Dos palabras, descanso y reposo. Tal pareciera que han desaparecido de ciertos lugares de la tierra. ¡Cuántas personas sufren por no encontrar esto! Son muchas las personas que tienen que tomar medicamentos para dormir. La pregunta obligada es, ¿descansan?

En el 2010 me diagnosticaron apnea del sueño (en inglés *sleeping apnea*). Los estudios revelaron que en la noche, aunque así pareciera, yo no descansaba. La doctora me explicó que el oxígeno me bajaba a 80% durante *el sueño*. Me prescribieron una máquina llamada *Continuos Pressure Air Pump* (C.P.A.P. por sus siglas en inglés). Esto debe permitir el descanso completo para que yo pueda entrar en el sueño y reposar. No descansar bien, obliga al corazón a trabajar más y es causa de ataques cardíacos. No descansar, además detiene el metabolismo, ocasiona envejecimiento prematuro, fatiga, mal humor y muchas otras cosas. ¡Oh Dios! ¡Hay que descansar! Yo anhelo su descanso y su reposo. Estoy segura que tú también. Si el temor de Dios es para vida y para que yo esté llena de reposo y sin ningún mal, ¿qué ocurrirá si no tengo ningún temor de Dios? No quiero imaginarlo. Deseo animarte para que entres en el reposo de Dios. Que alcances descanso en Él. La Palabra de Dios será para ti el oxígeno que te falta para que respires mejor y tu corazón no tenga que excederse en el trabajo. No usarla a tiempo puede detener tu corazón. Si el corazón, en sentido espiritual se detiene no creerás. Si no crees, no recibirás. *"Porque con el corazón se cree para justicia..."* (Romanos 10:10). Cuando declaramos la palabra estamos afirmando a nuestra alma la certeza de nuestra confianza en Dios. Esto no solo resultará en temor a Dios, sino en reposo para tu alma.

Declaro en el poderoso nombre de Jesús que tú vivirás lleno de reposo. Oro para que recibas temor de Dios. En este momento afirmo contigo que no serás visitado de mal, porque buscas a Dios con todo tu corazón. ¡Recibe descanso y reposo! Es para ti.

No hables tristeza a tu corazón

"¿Hasta cuándo pondré consejos en mi alma, con tristezas en mi corazón cada día? ¿Hasta cuándo será enaltecido mi enemigo sobre mí?" Salmos 13:2

Una persona en aflicción continuamente está haciéndose preguntas. ¿Por qué a mí? ¿Qué hice yo para pasar por esto? ¿Cuándo, por qué, para qué? Hombres y mujeres de Dios a través de la Biblia se hicieron estas preguntas. El mismo Señor Jesús preguntó a su Padre, *¿por qué me has abandonado?* No es pecado la pregunta, no ofendemos a Dios cuando nos sentimos así, pero algo te digo, *es un peligro que te quedes en las preguntas y no le hables a tu alma palabras de paz.*

El salmista dijo: *"¿Hasta cuándo pondré consejos en mi alma, con tristezas en mi corazón cada día?"* Él decía: *"...mis enemigos se alegrarán si yo resbalara"* (Salmos 13:4). ¡Claro que sí! Nuestro enemigo quiere ver cómo tú y yo somos derribados y destruidos en medio de la prueba. El adversario quiere decirte que tú no fuiste fiel, que te debilitó y te quedaste en el piso. Habla paz a tu alma. El salmista también dijo: *"Mas yo en tu misericordia he confiado; mi corazón se alegrará en tu salvación. Cantaré a Jehová, porque me ha hecho bien."* (vs. 5,6) ¡Exacto! Dios nos ha hecho bien. Las decisiones sobre nuestros asuntos muchas veces las tomamos sin consultarle.

No podemos ahora pensar que Él es el responsable de nuestra condición. Hoy debes hacerte preguntas, pero otras preguntas. ¿Por qué estás triste, alma mía? ¿Por qué no estás esperando en Dios? ¿No sabes que Él es poderoso para pelear por mí? ¿No sabes que en su Palabra dice que Él levantará al justo? Cambia tus preguntas y vence a tu enemigo, no lo enaltezcas. ¡Dios es fiel!

Es mi oración que obtengas tu victoria en Cristo. Que recibas convicción en tu espíritu de que Dios está en control y le recuerdes a tu alma que estás esperando en El.

Soledad, amiga de la depresión

"¡Quién me volviese como en los meses pasados, como en los días en que Dios me guardaba, cuando hacía resplandecer sobre mi cabeza su lámpara, a cuya luz yo caminaba en la oscuridad...!" Job 29:2,3

Job sentía que ya Dios no lo guardaba. Así nos puede ocurrir a todos cuando nos sobreviene una prueba tras otra inesperadamente. Uno de los peligros que corremos cuando estamos en una prueba muy grande es que la línea hacia la depresión es muy finita y no notamos si la pasamos. Me atrevo a decir, aunque no soy doctora en medicina, que antes o durante una depresión, los siguientes síntomas podrían presentarse: las personas prefieren estar solas, no quieren recibir visitas, comienzan a alejarse de todo el mundo, consideran que todo el mundo tiene problemas, menos ellos.

Personalmente siento tristeza cuando las personas me dicen: *Yo no tengo amigos, nadie me invita a su casa...* Entonces, yo les pregunto: *¿y tú invitas personas a compartir contigo?* Ese es el problema, no me invitan y yo no invito, así se sigue proliferando esta conducta. Debes empezar a hacerlo tú. Estar encerrado en una casa o apartamento sin la visita y sin la llamada de alguien a quien afecta es a ti mismo. Los demás están afuera disfrutando lo que Dios les ha dado.

¡No amados!, ese no es el plan de Dios para tu vida. Lo correcto es que interiorices que tú *no estás solo*. Abre las ventanas, enciende la luz, ¡disfruta lo bello de la vida! soledad tiene una amiga íntima, se llama depresión.

Las pruebas vienen pero se van. Tienen fecha de terminación. Todos tenemos en nuestra vida algún capítulo de la vida de Job. Al igual que Job podemos tener un final feliz. ¡Persevera! Y no le abras la puerta a Doña Soledad porque ella viene acompañada de Doña Depresión y las dos ¡son terribles!

Oro sobre ti para libertad en este momento. ¡Reprende a la soledad y su amiga depresión! ¡Es tiempos de acompañamiento! ¡Refrigerio de Dios! Que el Dios Padre nuestro te cubra con toda su bendición. Sea sobre ti su amanecer.

¡Alégrate, gózate!

"Alégranos conforme a los días que nos afligiste, y los años en que vimos el mal." **Salmos 90:15**

Qué quiere decir el salmista? ¿Qué él estuvo alegre durante el tiempo que estuvo afligido y que vio el mal? Me parece que el salmista está pidiendo a Dios tiempo similar, él pide que de la misma manera en que fue afligido, ahora reciba alegría.

¿Cuántos no hemos dicho esto alguna vez? En mi país decimos: *valgan las verdes por las maduras*. Y es que, ¿a quién le amarga un dulce? Todos queremos tener tiempos buenos y de alegría. El salmista le pedía a Dios que por cada aflicción que vivió le diera la oportunidad de disfrutar alegremente. ¿Hace cuánto estás en prueba? Algunos dirán: *Perdí la cuenta*. Recuerdo los primeros años de casados de mi esposo y yo. Él luchaba por conseguir un trabajo que pagara más y le brindara beneficios de plan médico. En una ocasión una persona que lo conocía le ofreció una oportunidad de empleo en una tienda por departamento con la promesa de que en un mes lo promoverían a gerente. Mi esposo aceptó la posición de empleado de departamento, con un salario mínimo (del año 1987) para luego ser promovido. A las dos semanas de haber comenzado, el caballero se mudó del país y mi esposo no recibió la prometida promoción. De hecho, nunca volvimos a saber de esta persona. Cierto día llega al departamento donde David trabajaba una dama que resultó que lo conocía. Esta persona fue el instrumento que Dios usó para que mi esposo saliera de ese trabajo. ¡Dios escuchó nuestros ruegos! David comenzó a trabajar en una farmacia con un buen salario y con un excelente paquete de beneficios. Estuvo en ese trabajo por veinte años hasta que Dios le permitió salir para responder a su llamado en el pastorado. Es cierto que fuimos afligidos por nueve largos meses y también vimos mucho mal, pero Dios llegó para alegrarnos. Dios nos ha alegrado de tantas maneras que superan a los tiempos que habíamos sufrido.

Posiblemente este ha sido tu año de ver mal en tu casa, tu trabajo, el negocio, o en el ministerio. Posiblemente estas enfrentando una terrible enfermedad, o quizás enfrentas una pérdida, sea por muerte o por divorcio, por eso:

Oro contigo para que cualquiera sea tu aflicción recibas alegría y contentamiento de lo alto. Declaro que en su nombre te alegrarás todos los días y en su justicia serás enaltecido. (Salmos 89:15,16). En el nombre poderoso de Jesús. ¡Amén!

Yo declaro mi victoria

"Oh Jehová, Dios de los ejércitos, ¿Quién como tú?..." Salmos 89:8

Este Salmo describe a nuestro Dios. Juntos haremos un caza palabras. A medida que las encontremos, la atraparemos en nuestro corazón. Hablaremos a nuestro espíritu y Dios nos fortalecerá con ellas mismas. ¡Amén! Primeramente le llaman *"...Jehová, Dios de los ejércitos..."*. O sea, Él está sobre cualquier ejército. Y si tiene un ejército es porque pelea. ¿Contra quién pelea? sobre los ejércitos que combaten contra nosotros y nos quieren hacer daño.

El Salmo continúa describiendo a Dios como: *poderoso, fiel, el que tiene dominio sobre la braveza del mar, cuando se levantan sus ondas, Él las sosiega.* ¡Gloria a Dios! Él va a calmar esta braveza del mar en ti. Ese mar de pensamientos que te bombardea, ese mar de inquietudes y de incesantes angustias ¡Él las sosiega! Esto no lo va a hacer, lo ha hecho ya. *Esparciste a tus enemigos*, si lo hizo antes, lo hará ahora para ti y para mí. *Tuyo es el brazo potente, fuerte tu mano*, hay fuerza en su brazo, no nos dejará caer porque no es débil y tampoco nos soltará la mano. *Justicia y juicio son el cimiento de tu trono*, es decir nos hará justicia. No es como algunos jueces de la tierra que pueden ser sobornados. ¡No! Él juzgará justamente. *Misericordia y verdad van delante de tu rostro*, ¡qué bueno! Porque Él nos va a mirar como miró a la mujer adúltera, con misericordia y también mirará nuestros pensamientos y conocerá la verdad de todo asunto, como hizo con los que la apedreaban. ¡Dios es nuestro escudo! Si algo viene contra nosotros no nos tocará, tendrá que darle al escudo primero. ¡Qué tremenda declaración! Diariamente declarando esto sobre nuestras vidas vamos a fortalecer nuestro espíritu.

Padre, en esta hora veo como se levanta un hijo tuyo. Veo como tú despiertas el discernimiento y la sabiduría en la vida de estos hijos tuyos. ¡Ellos hoy declaran su victoria! Hoy unánimes declaramos: "Oh Jehová, Dios de los ejércitos, ¿Quién como tú?"

Río en lugar de fuente

"Pues sacó de la peña corrientes, e hizo descender aguas como ríos." Salmos 78:16

Nunca me han gustado los ríos. El hecho de que si llueve en la montaña puede bajar un golpe de agua y arrastrar con todo lo que encuentra no me gusta ni suena divertido. No había agua en el desierto donde estaba Moisés con el pueblo de Dios. ¿De dónde va a haber agua aquí? ¿No ves que es un desierto? Solo animales y vida silvestre. ¿Cómo se te ocurre que vamos a tener agua? Solo había una peña. Finalmente, ocurre el milagro, de la peña salió agua. ¡Y cómo había agua! Ahora se quejarían porque no era una fuente, sino corrientes de aguas. Así es nuestro Dios, nosotros esperando poquito y el dando de más. La próxima vez que esperes algo de Dios, espera algo grande. Quizás Dios te sorprenda como a su pueblo y en lugar de enviarte solamente agua para tomar, te envíe un río con corrientes de aguas para que te suplas y suplas a otros. ¡Cómo estorbamos a Dios!, con quejas, con dudas, con las declaraciones de que es muy difícil. Cierto, es difícil para ti, no para nuestro Dios. ¿Cuál es la peña que estás viendo en el medio? ¿Qué está impidiendo que tú veas el milagro? Detrás de la peña ¡hay fuentes, arroyos de aguas para ti! Te aliento en esta hora, te animo para que recibas fe. Pídele a Dios exactamente lo que estás necesitando. Declárale tu necesidad y espera. ¡Créele a Dios!

Oro para que te veas ya mojándote, sumergiéndote en ese río que Dios te va a enviar en medio de tu desierto. ¡No hay dificultades para Él! ¡Él lo hará otra vez! "He aquí que yo hago cosa nueva; pronto saldrá a la luz; ¿no la conoceréis? Otra vez abriré camino en el desierto, y ríos en la soledad. Isaías 43:19

No más parálisis

"Y sucedió que le trajeron un paralítico, tendido sobre una cama; y al ver Jesús la fe de ellos, dijo al paralítico: Ten ánimo, hijo; tus pecados te son perdonados." Mateo 9:2

¿Por qué está perdonando pecados si lo trajeron para que lo sane? *Dale el milagro, olvídate de las faltas que esta persona ha cometido, no le prestes atención al estado del alma, demuestra lo que puedes hacer.* Esos eran los pensamientos de los egoístas religiosos. Pero la escena muestra algo más, muestra compasión, lo que mueve a nuestro Cristo. Mientras estos hombres tomaban su receso para hablar con Jesús, allí había un Cristo tierno mirando el alma de un hombre que estaba en tinieblas espirituales. Ellos mirando por fuera y Él por dentro. ¡Qué bello nuestro Jesús! Me imagino aquel hombre cuando su mirada y la de Jesús se encuentran, no hubo otra cosa que preocupación en la mirada de este paralítico. *¡Ay, éste es el hijo de Dios! Ahora va a ver toda mi vida y la va a exponer públicamente. Le dirá a toda esta gente qué pecado he cometido y me juzgará por ellos.*

¡No! Jesús en cambio lo mira con compasión y tocó el alma de este hombre con sus palabras: *Ten ánimo, hijo.* ¡Lo llama hijo! ¿Quién podría resistir la hermosa, tierna y compasiva mirada de nuestro Jesús? Cuánta gente hay como los escribas y fariseos que quisieran que cuando tú llegues a un altar Dios exponga tu vida frente al público para ponerte en evidencia y que luego te saquen *los demonios*, oren y digan que fuiste perdonado, entonces quizás después lo pueden llamar hijo, ¡no el maestro! A Él le interesa lo que está afectando tus emociones, lo que degrada tu alma hasta llevarla a la miseria.

Las enfermedades pueden afectar el ánimo y pueden llevarnos tan lejos como a la parálisis de conmiseración. Este hombre fue animado, perdonado y levantado. ¡Fue libre de su condición! y tú también puedes serlo.

Oro para que pongas tu mirada en Él. Oro para que su mirada produzca el perdón necesario y puedas levantarte y caminar de nuevo. ¡Fuera la parálisis en el nombre de Cristo! No más parálisis espiritual.

Se pierden los frutos

"Y cuando se acercó el tiempo de los frutos, envió sus siervos a los labradores, para que recibiesen sus frutos." Mateo 21:34

En agosto todavía es verano en Ohio. Observaba todos los días cuando pasaba por una casa que tenían dos árboles, uno de peras y otro de manzanas. Los frutos en el árbol estaban muy bonitos, pero al caer al piso ya no era igual, porque se los comían las ardillas y todo tipo de animal. Yo decía: ¡qué desperdicio! Esos frutos se están perdiendo. Así podemos ser algunos creyentes. Jesús dijo: *"Por sus frutos los conoceréis."* (Mateo 7:20) y Pablo enseñó: *"Mas el fruto del Espíritu es amor, gozo, paz, paciencia, benignidad, bondad, fe..."* Gálatas 5:22. Ciertamente mis frutos están expuestos a la vista de otros. Las personas notarán si tengo amor, si soy paciente o soy persona de fe etc. Pero

Dios desea que hagamos algo más con estos frutos, Él quiere que los compartamos con otros. Mi esposo y yo estuvimos por mucho tiempo sentados en una banca sin hacer realmente lo que Dios nos tenía preparado para hacer y para lo que nos había llamado (no todos los casos son iguales). Sentíamos un fuerte llamado de Dios en nuestros corazones para compartir con otros la bendición de estos frutos en nosotros. Antes que los frutos se cayeran al piso y se perdieran quisimos compartirlos. Ese año por dos ocasiones viajamos a Nicaragua y Costa Rica ministrando a cientos de personas. ¡La gloria sea dada a Él! Compartimos el fruto del amor de Dios con estos hermanos. Les dimos del fruto de la bondad y también de la fe.

No tienes que salir de tu país para hacer esto. En tu trabajo, tu vecindario y en tu iglesia también lo puedes hacer. Tener frutos y no hacer nada con ellos, es lo mismo que el árbol de manzanas, muchas manzanas estarán listas, pero se echarán a perder. ¡Qué triste y qué desperdicio! *Si el árbol que no da frutos será cortado* (Mateo 7:19), ¿qué será del que tiene frutos y los deja perder?

Oro para que des frutos y los des abundantemente. Además, oro para que Dios te muestre cómo y en qué usar tus frutos. Declaro en Jesucristo que serás fructífero y te multiplicarás en otros.

Anchura de corazón

"... y Dios dio a Salomón... anchura de corazón como la arena que está a la orilla del mar." 1 Reyes 4:29

Dios le dio a un hombre como Salomón anchura de corazón, o sea, extensión de medida más de lo normal. Yo pregunto, ¿y si yo le pido esa medida me la dará a mí? ¿Y si tú la pides, la obtendrás? Jesús dijo: *"Pues si vosotros, siendo malos, sabéis dar buenas dádivas a vuestros hijos, ¿cuánto más vuestro Padre que está en los cielos dará buenas cosas a los que le pidan?"* Mateo 7:11

Dádiva, en español, significa regalo o cosa que se da voluntariamente en señal de afecto. O sea, es un regalo que Dios da en señal de afecto. ¿Tengo que agradarle a Dios con mis hechos para que Él me dé buenas dádivas? De acuerdo a este versículo no, al contrario, siendo malos, el Padre, como quiera, nos da buenas dadivas, pero las tenemos que pedir.

Yo no sé tú, pero a mí me mueve pedir estas cosas. Salomón es el hombre que sorprendió a Dios con su respuesta, cuando en el momento en que Dios le preguntó qué quería que le otorgara en su reino y Salomón le dijo: *dame sabiduría.* ¡Sí! eso pidió, sabiduría, porque su padre, un hombre de Dios, lleno de su espíritu le enseñó que la sabiduría era lo más que debía anhelar. *"Y él me enseñaba, y me decía: Retenga tu corazón mis razones, guarda mis mandamientos, y vivirás."* Proverbios 4:4. Habiendo pedido solo sabiduría, Dios le otorgó muchas más dadivas, dones, regalos. Fue el hombre más rico en su época. ¡Dios es fiel!

¿No te gustaría tener un corazón como el de este hombre de Dios? Una persona con anchura de corazón, ama y perdona mucho. Es una persona desprendida, no egocéntrica, piensa en los demás. Dios quiere que todos seamos así. Orando constantemente por los que se pierden, porque su corazón gime por los que sufren y se van a la eternidad sin Cristo.

Oro por ti en esta hora. Proclamo que tu corazón se ensancha y recibes el don de la sabiduría de Dios. Oro para que recibas entendimiento y revelación de la Palabra de Dios y puedas poner en primer lugar las cosas de arriba, las que no perecen. Padre, otorga en este día anchura de corazón. En el nombre de Cristo. Amén.

Por algún tiempo

"¿Y acaso Dios no hará justicia a sus escogidos, que claman a él día y noche?" Lucas 18:7

Por un tiempo estuve orando por mis hijos varones para que regresaran al Señor. Uno de ellos tenía rebeldía que lo alejaba del Señor y de nosotros cada vez más. Yo oraba a Dios como una frenética. Pidiéndole explicaciones de por qué tenía que ser así. Luego de un tiempo cambié la estrategia. No pregunté más, de rodillas daba gracias a Dios por lo que yo esperaba y oraba: *Gracias Señor porque mis hijos vuelven en sí, porque tú los traes a tu casa de nuevo, les cambias sus ropas, derribas sus ídolos y limpias sus caminos.* Al cabo de cuatro años uno de ellos regresó al Señor. Al año siguiente los otros dos hicieron lo mismo, ahora están de regreso en los caminos de

Dios y hoy testifican cómo sabían que sus padres oraban por ellos todo el tiempo porque sentían el cuidado de Dios. Una tía de mi esposo tiene un refrán que dice: *Las pruebas vienen pero se van.* ¡Cuán cierto es esto!, como diría mi pastor: *repita conmigo, por un tiempo.* ¡Sí! es por un tiempo. Mi prueba tiene fecha de expiración. ¡Amén!

Tú puedes decir lo mismo. ¡Esto es por un tiempo! Sea cual sea la situación, no es para toda la vida. Algunos desenlaces son felices y otros no. Pero solo recuerda lo que dijo Jesús: *"¿Y acaso Dios no hará justicia a sus escogidos, que claman a él día y noche?..."* (Lucas 18:7)

Te animo en el nombre de Jesús a que ores declarando la Palabra de Dios en tu vida y en la de los tuyos. Padre, en el nombre de Cristo, desato don de fe sobre mis hermanos. Oro para que ellos vean cumplido tu deseo en ellos y la respuesta a sus peticiones. Su prueba durará por algún tiempo. Amén.

Sacúdete de la víbora

"tomarán en las manos serpientes, y si bebieren cosa mortífera, no les hará daño..." **Marcos 16:18**

● ¡Qué experiencia la de Pablo! Después de un encarcelamiento fue azotado y luego para colmo sufren un naufragio de dos semanas. No sólo enfrentó esas pruebas, sino que ahora tiene que pasar por la situación de llegar a un lugar que no saben cuál es. Lo único que tenían eran ansiedad y preocupación porque las pocas pertenencias que llevaban las tiraron al mar. ¡Pérdidas por todos lados! Como si fuera poco, buscando calentarse con los demás presos, a Pablo, ¡el siervo de Jesucristo! le muerde una víbora la mano. Pablo no hizo caso a esto, ya conocía el poder de Dios. Esto no lo detuvo, hizo milagros, salvó vidas en esa isla y dejó el reino de Dios establecido en ese lugar. Pablo eligió aprovechar el tiempo. No se detuvo a cuestionar a Dios, ni a quejarse. No le dijo: *¿Para qué me habré convertido? Me hubiera quedado como estaba. Desde que estoy en el evangelio sólo tengo persecución.* ¡No! él sacudió la víbora y la echó al fuego, de donde vino y a donde pertenece.

Hay quienes no quieren sacudir a la víbora. ¿Te enojaste por algo que dijeron de ti? ¿Te fuiste de la iglesia porque te ofendieron? ¿No soportaste el fuego de la prueba? Te tengo noticias, dejaste que el veneno te pasara y peor aún ¡estas paralizado! ¡No la cargues más! ¡Suelta la serpiente! ¡Arrójala al piso! Pablo no cayó muerto al piso porque el veneno no le pasó. Pero el veneno no pasó porque él decidió echarla al fuego. *"Pero él, sacudiendo la víbora en el fuego, ningún daño padeció"* (Hechos 28:5).

Hay dos opciones, eliges que te pase el veneno y te sientas a morir, o sacudes la víbora para que el veneno no te pase y sigues respirando.

Oro para que en este instante te descontamines de todo veneno alojado en tu cuerpo. Lo que te envenenó y te paralizó y te creó temor ¡sale en el nombre de Jesús de tu vida! Hablo vida sobre ti, y la víbora es sacudida y enviada al fuego de donde vino. En el nombre de Jesús, amén.

Seamos ejemplo nosotros

"presentándote tú en todo como ejemplo de buenas obras; en la enseñanza mostrando integridad, seriedad" Tito 2:7

Cuando encuentro a alguien que a mi juicio está incorrecto en su proceder tengo que actuar en fe y una fe obediente. Pienso en lo que voy a ver en esa persona o en lo que espero de esa situación. Es decir, reconozco que es algo espiritual y no lo llevo a lo personal. Oro con tanta intensidad y hasta me enojo contra el infierno, pero mi fe es que veré resultados buenos. Toda vez que yo devuelva comentarios negativos, pensamientos negativos, o tenga una actitud negativa, lo que hago es pelear con las mismas armas carnales. Nuestras armas son espirituales.

La Palabra de Dios nos recomienda que nos evaluemos a nosotros mismos. Ante una situación de enojo, de falta de comunicación, de falta de respeto, ¿qué hago?, ¿qué digo? Algunos dirán: *si pero tú no estás en mi lugar*, y yo digo: *no, no lo estoy, pero Cristo estuvo*. ¿Te están crucificando?, ¿te están abofeteando?, pues no somos mayores que nuestro Señor. Hagamos lo que dice la Palabra de Dios, preséntémonos en todo como ejemplo de buenas obras. Enseñamos cuando nos mostramos en integridad y seriedad. ¿Quién tiene que hacerlo?, ¿el que me ofende? ¡No, tú!, eso es lo que dice la Palabra de Dios. Mientras esperes que otro te devuelva bien estás dejando que el enemigo te enrede. Jesucristo nos dejó una clave, B.O.A., esto nos enseñaron cuando niños que significaba: Biblia, Oración y Ayuno, pero muchos hacen esto sin hacer lo esencial. B.O.A., quiere decir también *Bendecir* a los que nos maldicen, *Orar* por los que nos persiguen, *Amar* a nuestros enemigos. ¿Qué te parece? Lo dijo Jesús.

Como huerto de riego

¡Él nos ayude a cumplirlo!, para poder ser irreprensibles el día de su venida.

Oro para que en el nombre de Jesús puedas ser hallado irreprensible. Para que seas fiel a Dios y muestre buenas obras a pesar de los que te lastiman. Amén.

Por agua y por fuego

"Cuando pases por las aguas, yo estaré contigo; y si por los ríos, no te anegarán. Cuando pases por el fuego, no te quemarás, ni la llama arderá en ti." Isaías 43:2

● ¡Aguas, ríos y fuego! Habrá momentos que pasaremos por *aguas* que no son profundas como un río. *Aguas* que me mojan, pero no me ahogan. A éstas les llamo una prueba pequeña. Posiblemente no necesites buscar ayuda para esta prueba, pues es pequeña. En otras pasaremos de aguas *de orilla de mar* a otras aguas, a las de un *río* con corrientes fuertes, con movimientos de remolinos que cuando me arrastren las corrientes o el golpe de agua baje, posiblemente me ahoguen. *¡Fuego!* Eso sí que es tremendo susto. Cualquiera se mete en el agua, ¿pero en fuego?, ¿quién entra al fuego sabiendo que quema? Nadie entra al fuego sabiendo que quema, sin embargo hay momentos de fuego en nuestra vida.

Tres jóvenes hebreos entraron en el horno de fuego calentado ¡siete veces más!, sin embargo no se quemaron. Yo me atrevo a decir que ni olían a humo. ¡Dios es grande y temible! ¡Él es Dios fuerte! ¡Si lo prometió es porque lo va a cumplir! Si lo hizo con tres jóvenes hebreos lo hará con nosotros. Así tu prueba sea *agua, río impetuoso, o fuego que quema* ¡Dios está en control! ¡No te ahogarás, no te quemarás!

Dios te recuerda que Él está contigo en la prueba. ¡Extiende tu mano! ¡Te levanta Dios en esta hora! Así como extendió la mano y salvó a Pedro de ahogarse en medio de alta mar, así hace contigo en este instante.

Oro para esta palabra te anime. Declara desde tu corazón: Por fe yo alcanzo promesas, tapo bocas de leones y apago fuegos impetuosos. Hebreo 11:33.

Él hace cosas grandes e inescrutables

"Ciertamente yo buscaría a Dios, y encomendaría a él mi causa; el cual hace cosas grandes e inescrutables, y maravillas sin número." Job 5:8,9

- ¡Buena opción! si eliges así, habrás elegido bien. Ciertamente nuestro Dios hace cosas grandes e inescrutables. ¡Aleluya! Aunque hoy estés atravesando la prueba más grande de tu vida, sea con enfermedad, luto, desempleo, divorcio o bancarrota, no mires lo que está ocurriendo en este instante. Sé que es imposible no darnos cuenta de que estamos en pruebas. La carne y nuestra humanidad nos lo recuerdan, pero te invito a que decidas como Job. Tomó una decisión sabia, eligió buscar a Dios y dejarle a Él el asunto. ¡Pero quién va a resolverte, sino Él! ¡Quién no conocerá tu causa, sino Él! Él está esperando que tú le digas: *Te dejo el asunto a ti porque tú haces grandes cosas y maravillas sin número*. Job menciona en este capítulo pruebas que no podemos enfrentar en nuestra aflicción, pero que aun así Dios nos sacará en victoria.

Job menciona la calumnia, el hambre, la enfermedad y afirma: *"He aquí lo que hemos inquirido, lo cual es así; Óyelo, y conócelo tú para tu provecho"* (v.27). También dice: *"Porque él es quien hace la llaga, y él la vendará; Él hiere, y sus manos curan"* (v.18). Nuestro Dios sabe dónde está la herida, la llaga y Él mismo la sanará.

Oro sobre ti, ¡paz en este día!, ¡qué te levantarás!, ¡qué confiarás!, ¡qué esperarás en el que todo lo puede! Y declaro sobre ti, ¡que lo verás hecho, para la gloria de Dios!

Un alma satisfecha con Dios

"Así te bendeciré en mi vida; en tu nombre alzaré mis manos." **Salmos 63:4**

¡Qué hombre de Dios! Cuánto agradecimiento y satisfacción había en su corazón hacia Dios. En un verdadero desierto, entre víboras, sin agua, sin sombra y en medio de peligros de muerte le expresa a Dios: *"Dios, Dios mío eres tú; de madrugada te buscaré; mi alma tiene sed de ti, mi carne te anhela..."* (v.1). He aquí frente a nosotros el vivo ejemplo de un alma agradecida y satisfecha con Dios. Madrugó para encontrarse con su Dios, para llenarse de su presencia. Fue a la fuente correcta, la que lo podía satisfacer. Había deseo por la presencia de Dios. Él deseaba, anhelaba un encuentro de gloria. No esperaba menos que una experiencia igual a la que sentía cuando estaba en el santuario. ¡Cuántos se satisfacen con escuchar una prédica por internet! ¡Cuántos se satisfacen con escuchar un CD de adoración! David no, él necesitaba la misma experiencia y estaba buscándola. Decía: *"Porque mejor es tu misericordia que la vida; Mis labios te alabarán"* (v. 3). Él sabía que estaba en peligro de muerte, pero pedía misericordia de Dios antes que todo. Su alabanza era para Dios ¡en todo tiempo!, aun en el desierto. Y sintiéndose todavía que no le daba a Dios todo lo necesario, dice: *"Así te bendeciré en mi vida; en tu nombre alzaré mis manos"*. ¡Aleluya! Nuestra mejor alabanza a Dios en nuestra vida es que le demos a él la gloria. Levantar las manos en nombre de Él, es darle la gloria. Con tus fuerzas y con las mías ¡nada podemos hacer! ¡Pero en el nombre de Él todo lo podemos! ¡Aleluya! ¿Podrás levantar tus manos en medio de tu desierto? ¿Podrás anhelar su presencia? Quizás estás cuidando a una persona y no puedes congregarte, o quizás estás en el servicio militar, o puede ser que tú estés en una cama convaleciendo, pero ¿podrás como el salmista desear su gloria y buscarla desde ahí? David dijo: *Esta es la manera que te voy a bendecir, ¡voy a levantar mis manos en tu nombre!* (v.4) y luego más adelante dice: *¡Porque tu diestra me ha sostenido!* (v.8) ¡Dale gloria a Dios! ¡Su diestra te ha sostenido y seguirá sosteniéndote! Entra en lo secreto con tu Dios, búscalo porque aún Él puede ser hallado. Preséntate a Él con un alma agradecida y satisfecha aunque sea por una sola razón, porque tienes su misericordia y porque estás de pie gracias a esa misericordia.

Oro para que Dios te fortalezca, te devuelva esperanza y confianza para que en el proceso del desierto puedas ver su gloria y decir: "Así te bendeciré en mi vida; en tu nombre alzaré mis manos."

Provisión de Dios

"Una mujer, de las mujeres de los hijos de los profetas, clamó a Eliseo, diciendo: Tu siervo mi marido ha muerto; y tú sabes que tu siervo era temeroso de Jehová; y ha venido el acreedor para tomarse dos hijos míos por siervos." 2 Reyes 4:1

Esta mujer es tipo de un cristiano. No cualquier cristiano, sino uno que es de autoridad, de liderazgo, de posición en el reino de Dios, pero está endeudado, ¿quién no lo está hoy día? Como agravante el esposo murió y no le dejó un seguro del que ella pueda beneficiarse para saldar las deudas. O sea, no pagó el seguro social, no puso un seguro contra las propiedades, en otras palabras, tomaba prestado sin pensar en el futuro de la familia. ¡Endeudado hasta la sien! ¡Alguien tiene que pagar las deudas!

"Y Eliseo le dijo: ¿Qué te haré yo? Decláreme qué tienes en casa. Y ella dijo: Tu sierva ninguna cosa tiene en casa, sino una vasija de aceite" (v.2). El profeta es tipo del pastor, presidente de comité de ayuda y solidaridad de alguna iglesia, o de alguien a quien Dios usa en milagros creativos. Eliseo representa al hombre o mujer de Dios quien es continuamente buscado por los beneficios. Esta mujer al

igual que muchos cristianos llama *nada* a una vasija de aceite que le quedaba en la casa. O sea, tiene algo, pero para ella eso es nada. Son muchas las veces que se escucha a los cristianos quejarse y decir no me queda nada, o no tengo nada. El profeta lleno de sabiduría le dice: *"Declárame qué tienes en casa..."* ¡Claro! Un profeta tiene visión de Dios, obvio que él conocía la situación. ¿Por qué esperas que yo haga algo por ti? ¿No tienes algo en tu casa que puedas usar para multiplicar tus ingresos? ¿No podrás con el aceite que te queda en la casa hacer algo? Hermanos, y es que como siervos de Dios vemos muchas veces que nos piden el milagro de la producción, ¡a nosotros! El profeta no hizo fácil el milagro de la provisión. ¡No! Él le recomendó a ella que pidiera prestado vasijas y que se encerrara con sus hijos en su casa a llenar las vasijas con el aceite que le quedaba. ¿Te das cuenta? Él la mandó a trabajar con sus hijos, lo que muchos no quieren hacer porque es más fácil pedir un milagro financiero, que irme a trabajar o pedirle a mis hijos que lo hagan conmigo. Luego de esta acción, ella recibió la ayuda de Dios a través del milagro de la multiplicación, pero primero ella puso algo. Comienza por dejar de decir que no tienes nada. Luego pídele a Dios estrategias para ingresar, y luego multiplícate.

Oro para que tu necesidad sea suplida. ¡Jehová proveerá! y vas a glorificarlo porque así lo verás en tu casa y en los tuyos. Amén.

¿Qué haremos?

"Y se levantó de mañana y salió el que servía al varón de Dios, y he aquí el ejército que tenía sitiada la ciudad, con gente de caballo y carros. Entonces su criado le dijo: ¡Ah, señor mío! ¿qué haremos?" 2 Reyes 6:15

Cuántos de nosotros hemos exclamado, *"¡Ah, Señor mío! ¿Qué haremos?"*. Nos llega la confusión al punto de perder el enfoque porque la visión se nos nubla a causa de la situación que se nos presenta en el momento. Al igual que el siervo de Eliseo el profeta, una mañana nos levantamos y ahí está la escena con la que no contábamos. El siervo encontró que estaban sitiados por el ejército enemigo. ¿Y nosotros, cuál enemigo es el que nos ha sitiado? ¿Quién o qué ha puesto en amenaza nuestra paz?

Es aquí cuando tenemos que sacudirnos de nuestra carne y apretarnos la armadura espiritual, usar nuestro escudo de la fe, que es la Palabra de Dios con la que apagamos todo dardo encendido del enemigo, y seguir el consejo de Eliseo: *"No tengas miedo, porque más son los que están con nosotros que los que están con ellos"* (v. 16). Y al instante el siervo de Eliseo pudo ver ¡al ejército de Jehová!, al que tú y yo estamos viendo ahora mismo. El problema es que cuando nosotros vemos que nos rodean, la reacción es cegarnos. ¿Sabes qué?, el enemigo tendrá que retroceder porque yo vengo con un plan. ¡Sí, así mismo es, vengo con un plan contra él en el nombre poderoso de Jesús mi Señor! Ésta es la estrategia, oraré a Dios, como hizo Eliseo para que Dios, ¡mi Dios y el tuyo!, ¡ciegue al enemigo! ¡Aleluya! ¡Ceguera, mis hermanos!, ¡ceguera para que se confunda y salga huyendo!, y no vea el camino por el que yo voy a seguir. Dios hiere con ceguera al enemigo cuando nosotros sus hijos se lo pedimos.

Anteriormente te he mencionado que nuestro enemigo es espiritual. ¡Son espíritus! Es a éstos que haremos ciegos y a quienes confundiremos en el nombre de Jesús.

Oro para que en este día tú recibas la fortaleza y la fe necesaria para que salgas hacia delante, no te confundas, no tengas miedo y marches con tu plan. El único confundido aquí se llama Satanás, que el Señor lo reprenda.

Dios perdonador

"Porque tú, Señor, eres bueno y perdonador, y grande en misericordia para con todos los que te invocan." **Salmos 86:5**

Cuando leía el libro de Oseas me era difícil entenderlo. Pero luego me di cuenta que Dios me quería mostrar su compasión, misericordia y gracia a través de este libro. En primer lugar nosotros no dejaríamos sin el *merecido juicio* a un hombre de Dios que se case con una mujer de baja reputación. En segundo lugar, si el caso fuera que se permitiera, no la perdonaríamos si luego de casarse con un hombre de Dios decide abandonarlo y traicionarlo en su propia cara por regresar a su vida pasada. ¡Oh Dios!, ¡qué barbaridad! Pero Dios, el Todopoderoso nos enseña que así ha sido su pueblo. Su pueblo escogido ha decidido, ¡no una, sino muchas!, irse en pos de otros dioses, ¡muchos dioses!, dejando al único y verdadero Dios, y ¿qué ha hecho Dios? Vuelve a recibirlos, sigue amándolos. *"He aquí que Dios es grande, pero no desestima a nadie; Es poderoso en fuerza de sabiduría"* (Job 36:5). ¡Qué enseñanza! Misericordia, compasión, perdón, ésos son los atributos de Dios. Un carácter divino que si nosotros lo poseyéramos seríamos santificados.

¿En cuántas ocasiones personas nos han dicho que no le sirven a Dios porque su vida ha sido muy mala, que no merecen entrar en un templo? Piensan que Dios no les perdonará. ¡Qué equivocados! Dios es Dios de misericordia. *"Más yo por la abundancia de tu misericordia entraré en tu casa; Adoraré hacia tu santo templo en tu temor"* (Salmos 5:7). No somos quienes para no recibir a gentes pecadoras. ¡Por éstos Cristo vino! ¡A éstos Él quiere salvar y perdonar! Pornografía, droga, alcoholismo, prostitución, homosexualidad, todos son dioses de estos siglos. Por éstos le han dado la espalda al único y verdadero Dios. ¿Quién es ese familiar suyo por el cual ha estado llorando continuamente? ¿Quién es ese ser querido que le ha hecho sufrir porque anda en caminos de pecado y de muerte? ¡Hay esperanza! Dios dice: *"Pero he aquí que yo la atraeré..."* ¿A quién? A esa persona que se apartó para hacer lo que deseaba, para ir tras sus deseos carnales y de perdición. *"...y la llevaré al desierto"*, porque ahí es que Dios trata con nosotros, en el desierto, *"...y hablaré a su corazón"* (Oseas 2:14). Dios va a hablarle al corazón. ¿Quién resistirá su voz?, *"...y allí cantará como en los tiempos de su juventud"* (v.15). ¡Dios devolverá cántico! No te atemorices si vez que van al desierto. Ora por ellos y espera en Dios, porque allí Dios tratará con ellos.

En el poderoso nombre de Jesús ¡suelto sus yugos!, ¡desato sus cadenas! Envío la palabra de libertad sobre ellos. La sangre del Cordero de Dios los limpia. Amén.

¿Se ocultará alguno?

"¿Se ocultará alguno, dice Jehová, en escondrijos que yo no lo vea? ¿No lleno yo, dice Jehová, el cielo y la tierra?" Jeremías 23:24

Hace algún tiempo cuando uno de nuestros hijos tenía diecinueve años y ya manejaba su auto, nosotros decidimos salir hacia un retiro en Barranquitas, Puerto Rico. Él no podía acompañarnos debido a su trabajo, se quedaría solo en casa. Las instrucciones fueron claras y precisas. Él debía salir del trabajo y llegar a la casa sin desviarse a ningún otro lugar. Para nuestra sorpresa cuando llamamos a las 12:00 de la noche, nuestro hijo no contestaba el teléfono, algo que no era usual en él, así que mamá gallina dijo: "Hay que regresar a casa, algo no anda bien". Las personas nos insistían en que viajáramos por la mañana temprano, pero no a esa hora, cosa que no hicimos. Mi corazón decía que tenía que regresar a casa esa noche. De camino seguía llamando. A las dos de la madrugada, cuando ya no aguantaba más la desesperación, me tiré de rodillas a orar, aunque ya llevaba toda la noche haciéndolo de pie. Le pedí al Espíritu Santo que me mostrara dónde estaba mi hijo y cómo estaba él, esto me daría paz. Entonces, volví a llamar y se activó el celular de mi hijo, él no se percató de esto y yo comencé a oír una fuerte música de reggaetón y mucho bullicio. En mi ser entendí que él estaba en una fiesta y que estaba disfrutando. Luego de un tiempo mi hijo se da cuenta de que yo había llamado por lo menos diez veces en la noche y él me devuelve la llamada. Para mi sorpresa cuando le pregunto dónde está y por qué no ha llegado, él respondió con mentira. ¡Mintió descaradamente! Así que nos quedamos tranquilos esperándolo para luego confrontarlo con la verdad. Sentimientos encontrados, mentira, engaño, desobediencia, falta de lealtad etc. Ya tranquila porque él venía en camino, esperé a nuestro hijo junto a mi esposo. ¿Cuál fue nuestra sorpresa? En el semáforo antes de doblar hacía nuestra casa nuestro hijo se accidentó en su desespero por llegar a casa antes que nosotros, aceleró el auto y cuando tuvo que frenar en el semáforo se resbaló porque había arenilla en el piso. El carro se fue contra la valla de cemento y dio varias vueltas, hasta el auto quedar en pérdida total. ¡Él estaba bien, sin ningún rasguño! Gracias a la misericordia de Dios. Dimos gracias y alabamos a Dios por el cuidado de nuestro hijo. Él aprendió su lección.

Oro por ti y por los tuyos. Pido al Padre que ningún mal venga por consecuencia de malas decisiones. "Pero él oye la oración de los justos." Proverbios 15:29

¿Hacia dónde vas?

"Dijo luego David en su corazón: Al fin seré muerto algún día por la mano de Saúl; nada, por tanto, me será mejor que fugarme a la tierra de los filisteos..." 1 Samuel 27:1

Luego que David fuera ungido para ser rey y después de tener Palabra de Dios de que él reinaría sobre Israel se desenfocó. Como muchos de nosotros nos desenfocamos a causa de una desilusión o persecución. La fuerte y larga persecución que le tenía Saúl lo turbó y lo llevó a tomar una decisión equivocada, vivir con el ejército de los filisteos. ¡Qué!, te asombras, ¿verdad? El que venció a Goliat ahora está sirviendo a los enemigos, el ejército filisteo. Típico en muchos creyentes que resisten la prueba y luego se marchan al mundo. Vean lo que dijo Aquis, príncipe del ejército filisteo: *"...Él se ha hecho abominable a su pueblo de Israel, y será siempre mi siervo"* (1 Samuel 27:12).

Precisamente lo que el enemigo, Satanás, persigue con su agenda contra ti y contra mí, es que nos cansemos hasta que digamos como David: *me será mejor fugarme para que mi enemigo, el que me persigue, no me busque más, así me escaparé de su mano.* Lee este capítulo para que descubras la agenda escondida que tiene Satanás contra los hijos de Dios, contra la gente ungida, contra los que tienen futuro en el reino de Dios. ¡El plan es detenerte para que no avances, convertirte en uno igual a ellos! Irse al mundo, apartarse de Dios y de los hermanos de la iglesia no es la solución divina. Ese es el plan perfecto para que un enemigo logre con éxito que entres en pausa ministerial y salgas del desarrollo como ciudadano del reino de Dios. ¡Levántate en el poderoso nombre de Dios! y regresa a la fila del ejército de Dios.

David dejó de ser del ejército de Dios por un tiempo para ser del ejército del enemigo. Aunque todavía amaba a Dios, como muchos dicen: *yo dejé la iglesia pero no a Dios,* ¡mentiras del diablo! Te animo a que veas tu realidad. ¡No te acobardes!, ¡no te canses de luchar!, ¡no creas al engaño de Satanás de que en otro lugar estarás mejor! David perdió tiempo de su ministerio, en crímenes, robos y otras cosas por estar con el ejército equivocado. Declaro que ¡todo lo puedes en Cristo que te fortalece! *"En Dios haremos proezas, y él hollará a nuestros enemigos"* (Salmos 60:12). ¡Levántate y regresa a tu lugar de fila! Jehová Nissi, pelea por ti y por mí.

Oro para que esperes en el Señor. Pido que no te canses y puedas estar quito y reconocer que Él es Dios y no te abandonará. "Aunque un ejército acampe contra mí, no temerá mi corazón; Aunque contra mí se levante guerra, yo estaré confiado" Salmos 27:3.

Jehová consolará

"Ciertamente consolará Jehová a Sion; consolará todas sus soledades, y cambiará su desierto en paraíso, y su soledad en huerto de Jehová; se hallará en ella alegría y gozo, alabanza y voces de canto." Isaías 51:3

● Nuestro Dios es tan maravilloso! En el momento en que aún no había completado este devocionario llegó esta reflexión. Surge cuando el esposo de una hermana en Cristo se ha marchado a otro país en busca de trabajo. Ella se encuentra sola en Puerto Rico y una tarde siento una carga muy fuerte y oro por ella. Siento que debo enviarle un texto bíblico y éste es el que el Espíritu pone en mi corazón. Solamente que lo hice de una manera inusual. En lugar de Sión puse su nombre. ¡Poderosa declaración! ¿Por qué no lo haces tú? Visualiza tu nombre en el lugar de Sión. Verás cómo es aumentada tu fe a medida que la Palabra de Dios entra en tu espíritu. Personalmente lo he hecho.

Ciertamente consolará Jehová a mis hermanos, consolará a todas sus soledades y cambiará sus desiertos en paraíso y sus soledades en huerto de Jehová. Se hallará en la vida de mis hermanos alegría, gozo, alabanza y voces de canto. ¡Amén! Tu vida no será igual luego de declarar y creer la Palabra de Dios. La Palabra es vida. En esta ocasión ha sido enviada para hacer desvanecer la soledad y la tristeza. Y, ¿sabes qué?, en mi vida ya se cumplió y en la tuya está ocurriendo ahora. ¿Estás atravesando el desierto del luto?, ¿sufres por la soledad de algún hijo que se encuentra lejos del hogar?

Oro por paz sobre ti. La palabra te fortalece y te da esperanza en esta hora. ¡Paz a tu vida! Ciertamente consolará Jehová.

Las corrientes de agua no te harán nada

"Y cuando las plantas de los pies de los sacerdotes que llevan el arca de Jehová, Señor de toda la tierra, se asienten en las aguas del Jordán, las aguas del Jordán se dividirán; porque las aguas que vienen de arriba se detendrán en un montón." Josué 3:13

Era primavera, el tiempo donde este río está más crecido que nunca. Cualquier río que esté crecido es peligroso. No solamente está crecido, sino que si intentas meterte en él, posiblemente las corrientes te arrastren. ¡Y Jehová mandó a que se metieran en él! ¿Por qué no esperar que el agua esté bajita? No fue así, el acto de fe conllevaba que los sacerdotes metieran los pies en el río y se pararan sobre las plantas de sus pies. Luego de esto Dios detendría el montón de las aguas del río. ¡Obediencia! ¡Confianza! Si Dios les hubiese bajado primero el nivel del río y luego les dice: *ya está seco el camino, no hay peligro pasen,* ¡todos creerían! Pero, cuando te dice: *Cruza ahora que está desbordado. Cruza ahora que hay corrientes.* ¿Lo harías? ¡Hombres y mujeres de fe!, ésos son los que se mojan los pies y se meten hasta dentro porque saben que el milagro va a llegar. Se sumergen a buscar su milagro. ¡No esperes nada afuera! Si quieres pasar, ¡tienes que mojarte los pies!

Oro para que recibas la medida de fe necesaria para que cruces tu Jordán. ¡Ato y paralizo al espíritu de temor en el nombre de Cristo! Hablo a la duda para que huya delante de ti ahora mismo. Él ha prometido estar contigo cuando pases las aguas.

¡Todavía te queda algo!

"Y Eliseo le dijo: ¿Qué te haré yo? Declame qué tienes en casa. Y ella dijo: Tu sierva ninguna cosa tiene en casa, sino una vasija de aceite." 2 Reyes 4:2

Hay personas que van a Dios como si Él fuera una máquina de D.A.T.H. (dinero a toda hora). Es cierto que Dios es el dueño del oro y la plata, así lo dice Él: *"Mía es la plata, y mío es el oro, dice Jehová de los ejércitos"* (Hageo 2:8). Dios quiere mostrarnos mucho más allá de lo financiero, la excelencia de su gloria. Observa la historia de la viuda. En su tiempo se acostumbraba que si tenías un préstamo y no lo pagabas al tiempo estipulado, pudiera venir el acreedor a quitarte tus muebles, tus ganados y como último, si la deuda continuaba, se llevaba a tus hijos como esclavos. ¡Imagínate! Su esposo murió, la dejó endeudada, y según ella lo que le quedaba era sus dos hijos. Pero el profeta le abre los ojos. ¡No! mira a ver qué te queda en la casa además de tus dos hijos. Ella contesta: *No tengo ninguna cosa, sino una vasija de aceite.* ¡Eso es algo! Y es que lo primero que hacemos es decir no tengo nada. Permítame decirle algo, el aceite se usaba para preparar alimentos, para purificación, para medicina, y para alumbrar la casa, pero ella no vio lo que tenía porque estaba viendo lo que le faltaba. Dios procura que tú pongas ese poco. Ella hizo el trabajo con sus hijos de buscar las vasijas y Dios realizó el milagro. Sin embargo, hay personas que no se mueven ni a buscar ni si quiera las vasijas. Se acercan a Dios con la situación y le dicen ¿Qué vas a hacer Dios con esta mi situación? y Él les pregunta: ¿qué tienes? Es posible que tú eches para atrás y digas ¡qué tengo!, ¡nada! No me queda nada. ¡Estoy sola! Sí, tengo algo, tengo deudas, cobradores, amenazas, eso tengo. Pues yo te digo hoy, si tan sólo tuvieras aceite, ¡tienes mucho! El aceite representa al Espíritu Santo, representa purificación. Tu alumbrarás tu casa y dondequiera que estés, si estas lleno del Espíritu Santo. Si sientes que el enemigo te ha robado todo y no te queda nada, llénate de Dios. Una persona llena del Espíritu Santo cambia las situaciones y no las situaciones le cambian. María la madre de Jesús fue llena del Espíritu Santo y su vida nunca fue igual. Pudo haberse deprimido y echado a morir porque su sueño de virgen fue bruscamente interrumpido. ¡No! Ella dijo: *"... he aquí la sierva del Señor; hágase conmigo conforme a tu palabra"* (Lucas 1:38).

¿Todavía te queda algo? Úsalo, sé una vasija en las manos de Dios. Sácale provecho a lo que te queda. Un poco tuyo será mucho en las manos de Dios.

¡Se desata en el poderoso nombre de Jesús el milagro de provisión en tu familia! Tú y los tuyos tendrán en abundancia. Él ha dicho que no escaseará la harina.

¡Llegó la primavera!

"Porque he aquí ha pasado el invierno, Se ha mudado, la lluvia se fue; Se han mostrado las flores en la tierra, El tiempo de la canción ha venido, y en nuestro país se ha oído la voz de la tórtola." Cantares 2:11,12

¡Cómo ha cobrado significado estos versículos en nuestras vidas en estos días! David y yo llegamos a Parma, Ohio el 24 de julio 2009. Cambiamos las costas y playas de Puerto Rico por la orilla de un lago al que ellos llaman *playa*. Cambiamos nuestras comidas típicas por comidas rápidas. Dejamos nuestro auto por transportación pública y por uno de alambre con cuatro ruedecitas para echar la compra. Antes que nos diéramos cuenta ya estábamos en invierno. Tan fuerte es el verano con su temperatura de 100 grados, como el invierno con temperaturas bajo cero. Comenzó nuestra prueba. ¡Qué prueba! Recorríamos las mismas trayectorias que en el verano, pero claro, sobre hielo, nieve y temperaturas de 10 grados y cuando era de menos no salíamos. Las personas nos querían consolar diciéndonos que no tuvieron un invierno como los anteriores, donde la temperatura era bajo cero. Orábamos para que ese invierno pasara. Por fin llegó la primavera. Es cuando de repente viajo a Puerto Rico para celebrar mi cumpleaños con mi hermana Iris quien estaba muy enferma. Mientras yo aterrizaba en el aeropuerto, mi hermana cae en coma, y duró así 21 días, luego partió con el Señor. Tal celebración nunca llegó. Mi esposo y yo regresamos a Cleveland.

Algo ocurrió dos semanas después. A nuestra llegada a Cleveland ya era primavera. ¡La ciudad era otra cosa! Las aves se escuchaban cantando. El sol brillaba como no lo veíamos brillar desde agosto. La grama estaban verde y los árboles, ¡los árboles empezaban a tener renuevos! Las flores eran hermosas, lirios de todos colores, rosas, tulipanes. ¡Qué Dios tan maravilloso! ¡Éstos estuvieron bajo hielo! Sufrieron el impacto de los vientos helados del invierno y la lluvia del otoño, pero aun así, llegó la primavera para todos. El tiempo de la canción ha venido al país donde Dios nos ha enviado. Para David y para mí también el invierno ha pasado.

¡Ha llegado tu verano! Padre, renueva las fuerzas de mis hermanos como lo hiciste con nosotros. Que ellos puedan declarar ahora: ¡El invierno ya pasó, llegó mi primavera!

¡Empiezan a salir!

"...los filisteos dijeron: He aquí los hebreos, que salen de las cavernas donde se habían escondido." 1 Samuel 14:11

La intimidación de los filisteos fue tan fuerte que los hijos de Dios se sintieron atemorizados y empezaron a meterse en las cuevas. El rey Saúl estaba buscando estrategias y pensando qué hacer para quitárselos de encima. Mientras él pensaba y hacía holocaustos, su hijo Jonatán tomó una determinación, sin consultarle a su padre dijo a su criado: *"...pasemos a la guarnición de estos incircuncisos..."* (v.6). Ellos tuvieron que enfrentar dos obstáculos, por el norte el peñasco llamado *Boses*, que significa *altura* y por el sur el peñasco *Sene*, que significa *aguda* (v.4). Un peñasco era demasiado arriesgado por su altura y el otro era tan puntiagudo que cortaba.

Estos dos hombres vieron los obstáculos, pero no se detuvieron, ni siquiera ante esto. ¡Lo lograron!, vencieron los dos obstáculos mayores. Ya arriba son vistos por los filisteos y éstos gritan: *¡Miren! los hebreos empiezan a salir de las cuevas donde estaban escondidos.* O sea, ellos sabían dónde estaban escondidos. ¿Por qué no fueron a buscarlos para matarlos? ¡Ah!, porque lo que querían era detenerlos y ya lo habían logrado, así que eso era suficiente.

Hay personas con llamados de Dios para trabajar dentro de su obra. Llamados para poner sus dones ministeriales al servicio del reino de Dios, pero tienen miedo de ejercerlos. Otros, que por el contrario sirven en la casa de Dios, como Saúl, pero permanecen con las manos cruzadas ante las amenazas del diablo contra sus familias y esperan que otros lo hagan. ¡Están en las cuevas! Imagínate, ¿qué pasaría si todos los cristianos de tu país en un mismo día tomaran sus armas espirituales? Estoy segura que ocurriría un temblor como el que ocurrió en la tierra de los filisteos. Y más aún, ¡el infierno temblaría! Los enemigos gritarían: ¡Cuidado!, los hijos de Dios salieron de las cuevas en que estaban escondidos. ¡Usa tus armas espirituales! ¡Son poderosas en Dios! Con ella se destruyen fortalezas del enemigo. Fortalezas como: El odio, la depresión, el suicidio, crímenes. ¡Fortalezas del reino de las tinieblas!

En el poderoso nombre de Jesús y con la sangre de Cristo voy contra el espíritu de intimidación y temor. ¡Los derribo en esta hora! Y declaro que te levantas. Fue hasta hoy que estuviste detenido e intimidado. El ejército de Dios te espera. ¡Actívate!

Con paciencia obtendremos los frutos

"Pero yo estoy como olivo verde en la casa de Dios; En la misericordia de Dios confío eternamente y para siempre." Salmos 52:8

El Salmos 52 en el Antiguo Testamento menciona la planta de olivo. Algunas características de este árbol es que es frondoso, con hojas verdes y brillosas. Sin embargo, su crecimiento es lento. Antes de que el árbol del olivo pueda producir un fruto, como lo es la aceituna, de donde se extrae el aceite, habrá esperado de ocho a nueve años, pero una vez haya alcanzado ese tiempo comienza su producción. Esta producción puede durar hasta los 65 años. La edad del retiro para algunos. Cuando este músico salmista escribe este Salmo se encontraba en medio de la guerra. Estaba viviendo injusticias por parte de otros, como quizás usted y yo lo estaremos viviendo. Era víctima de engaño, mentira, palabras maldicientes hacia su persona (Salmos 52:2-4). Pero, ¡qué bueno que tenía claro en quién confiaba y esperaba! El salmista dice: *"Por tanto, Dios te destruirá para siempre; te asolará y te arrancará de tu morada, y te desarraigará de la tierra de los vivientes. Verán los justos, y temerán; se reirán de él, diciendo: He aquí el hombre que no puso a Dios por su fortaleza, sino que confió en la multitud de sus riquezas, y se mantuvo en su maldad. Pero yo estoy como olivo verde en la casa de Dios; en la misericordia de Dios confío eternamente y para siempre"* (Vs. 5-8). Mira bien esto, hay un *pero* en el versículo 8. Estar como olivo verde en la casa de Dios no es poca cosa. Estamos produciendo para el reino de Dios. Otros no verán mi fruto inmediatamente, pero cuando empiece a darlo no voy a dejar de producir. ¡Voy a producir frutos! Y serán para bendición de otros. ¡Cuánto beneficio hay en el aceite que se extrae del olivo!, pero costó mucho tiempo y también paciencia. Nada ni nadie detendrá tu proceso de crecimiento y desarrollo.

Oro para que la confianza en Dios aumente. Que nada, ni nadie te desvíe del propósito de Dios. Oro para que tu mirada esté puesta en Dios. En la misericordia de Dios confío eternamente y para siempre.
Salmos 52:8

La paz que no es negociable

"La paz os dejo, mi paz os doy; yo no os la doy como el mundo la da..." Juan 14:27

Cuánto hemos escuchado esta cita de Jesús! Sin embargo, a muchos se nos ha olvidado. ¿Será que no entendemos lo que quiere decir? ¿Sabías que el enemigo nos persigue no para quitarnos los bienes, el dinero, ni lo material solamente? Él no quiere eso ni lo necesita. Él lo que quiere y persigue de nosotros es acceder a nuestra mente. Y si nuestra paz depende de cuánto tenemos o qué tenemos, ¡olvídate!, que entró a nuestra mente para jugar con ella.

Jesús quiso decirnos: *yo les voy a dar una paz que sobrepasa todo entendimiento. La paz que yo les dejo no es como la del mundo, que depende de las circunstancias y de su atmósfera terrenal.* Hay gente que dependiendo de cómo está la atmosfera, tienen paz o no la tienen. ¡Sí! cristianos también y hasta te lo dicen. Satanás sabe qué botón debe tocar para que nosotros entremos en desespero, él sabe qué atmósfera nos llevará a la locura. Por eso, mientras reaccionemos con la misma actitud significará que entonces él lo habrá logrado, por lo tanto, seguirá tocando el mismo botón, una y otra vez.

Recibí una visita de una madre con su niñita de dos años. La niña no quería que su mamá entrara a nuestro apartamento. Quería que la mamá se marchara sin apenas haber llegado. La niña estuvo gritando por una hora. ¡No miento! Así que, operación rescate, Fidelita con su mente en la oración y enfocada en que mi lucha no era contra la carne, sino contra un espíritu y no contra una niñita, porque vi nuestra paz amenazada. Busqué música cristiana y la puse a sonar. Entonces, David y yo comenzamos a cantar mientras la joven madre manejaba la crisis. Tardó como unos 40 minutos para que todo se normalizara. Satanás tocó un botón que unos años atrás si lo tocaba, hubiese arruinado la consejería porque yo misma le hubiese preparado los bultos, y la hubiese llevado a la casa. Pero esa anoche, cuando tocaron el botón, mi reacción fue diferente. ¡Aleluya, gracias Señor! Y es que la paz de Dios no opera en la carne, sino en el espíritu.

Oro para que la paz de Dios te inunde alma, cuerpo y espíritu. Pido en esta hora que logres alcanzar tal madurez que no te turbes, sino que operes bajo la unción del Santo. "Sabrás que hay paz en tu tienda; Visitarás tu morada, y nada te faltará" (Job 5:24).

¿En cuánto tienes la cuenta?

> "...porque yo sé a quién he creído, y estoy seguro que es poderoso para guardar mi depósito para aquel día." 2 Timoteo 1:12

Éstas son las palabras de aliento que le da Pablo a un compañero en la milicia del evangelio. Parece que Timoteo, quien antes estaba bien entregado a la prédica de la Palabra de Dios, ahora está apagándose. Esto ocurre por lo que está viendo en la vida de su padre espiritual, Pablo. Lo habían sentenciado a muerte por causa del evangelio. Oye bien, Pablo necesitado de palabras de aliento y de esperanza porque lo van a matar, y es él quien está dando esperanza y aliento a alguien que está libre, sin cadenas. Pablo le dice: "...*yo sé a quién he creído..."* No es lo mismo decir yo sé *en quien* he creído, que decir yo sé *a quién* he creído. O sea, yo puedo creer *en Dios*, es lo que dicen muchos, pero ¿podré *creerle*? ¿De qué depósito habla Pablo?, ¿será de las reacciones ante la prueba?, ¿mi confianza en medio de situaciones que para el hombre son difícil pero para Dios no? Hay personas que ante la dificultad ya no oran. Llegan los diagnósticos médicos, las cuentas atrasadas, cartas de los bancos, deudas en el colegio de los nenes, carta de despido, ¡nombra la prueba! y el fuego se apaga. Ya no pueden creerle, solo creen en Él. Entran en un estado de *coma* espiritual. Esto ocurre poco a poco sin darse cuenta. Poco a poco ya no saco tiempo para orar, ni para leer la Palabra y mucho menos para congregarme. ¿Estar con Dios a solas para que Él me hable?, ¡menos! En otras palabras, en lugar de depositar, ¡retiran! Y cuando vayan a buscar en la cuenta, ¡está en cero! Cero fe, cero esperanza y confianza. ¡Cero! Pablo dijo: *"...y estoy seguro que es poderoso para guardar mi depósito para aquel día."* Déjame aclarar algo, hay momentos en que no podemos depositar y es por eso que debemos procurar depositar diariamente. Pero si no depositas, ¿qué vas a retirar cuando necesites? Que no nos ocurra como a Timoteo; aparentemente ya no estaba depositando y se estaba apagando el don de Dios en él. ¡Aviva ese fuego de nuevo! ¡No dejes de orar, ni leer la Palabra! Busca la presencia de Dios. Solo así podrás decir como Pablo: *"Porque yo sé a quién he creído, y estoy seguro que es poderoso para guardar mi depósito para aquel día".*

Padre, otórgales a mis hermanos suficiente fe para cuando las pruebas mayores lleguen tengan depósito y puedan ser prosperados en su milagro.

Presencia, gozo y fortaleza

"... porque te habrá bendecido Jehová tu Dios en todos tus frutos, y en toda la obra de tus manos, y estarás verdaderamente alegre." Deuteronomio 16:15

He escuchado personas decir a otros: *ésta es la cara que Dios me dio, no tengo otra.* Esto es en respuesta a la pregunta: *¿Y esa cara?* Si eres persona de fe y crees en los milagros como yo, le dirías: *Ah, pues eso es fácil, vamos a orar para que Dios te la cambie.* Suena gracioso, pero es una verdad triste. No sé de dónde sale la idea de que Jesús era un hombre calladito, introvertido y que no se reía. ¡Ay no!, por favor, no me digan eso a mí (lo digo con reverencia y con temor a Dios), pero yo me río demasiado como para ir al cielo por una eternidad y encontrarme que nadie se sonríe. ¡Imagínese!, que salga un ángel a decirle a todos que no se rían alto porque el Señor está de mal humor o no rían alto porque está cansado y no le *huelen las azucenas.* ¡Qué barbaridad! No conozco a Jesús así. ¡No lo creo! Y ¿sabes qué? ahora mismo creo que se está riendo con el Padre de mis ocurrencias.

No fue el plan de Dios que sus criaturas hechas a imagen y semejanza de Él, estuvieran con las caras tristes y sin una sonrisa. Ese plan viene del infierno. A Él lo criticaron los religiosos de su época porque se pasaba *con los pecadores,* le gustaba comer, iba a bodas y cenas familiares, predicaba e iba a compartir el pan a la casa de quienes lo invitaban, al punto que fue criticado por esto. *"Vino el Hijo del Hombre, que come y bebe, y dicen: He aquí un hombre comilón, y bebedor de vino, amigo de publicanos y de pecadores"* (Mateo 11:19). El fin de este mensaje es que nuestro Dios, es Dios alegre. Él mismo le dijo a su pueblo que estarían verdaderamente alegres (Deuteronomio 16:15).

La única razón por la que no puede haber gozo en tu vida es porque no estés agradecido por las bendiciones de Él. Un corazón agradecido se va a alegrar continuamente. *"Gócense y alégrense en ti todos los que te buscan, y digan siempre los que aman tu salvación: Jehová sea enaltecido"* (Salmos 40:16). ¿Y si estoy afligido? *haga oración*, ¿y si estoy alegre? *cante alabanzas* (Santiago 5:13). *"Me hiciste conocer los caminos de la vida; Me llenarás de gozo con tu presencia"* (Hechos 2:28).

¡Nuestro Dios, es Dios alegre! Él quiere que siempre estés gozoso. La prueba produce tristeza, es cierto, pero es en su presencia que hallarás plenitud de gozo (Salmos 16:11), y una vez tengas gozo serás fortalecido.

Oro para que tengas gozo y seas fortalecido, para que tu rostro refleje a Cristo y su gozo y para que tu testimonio invite a otros a buscarlo.

Esperando en Él todo el tiempo

"Esperad en él todo el tiempo, oh pueblos; Derramad delante de él vuestro corazón; Dios es nuestro refugio." Salmos 62:8

El salmista comienza proclamando que en Dios solamente está *"...acallada su alma..."*, y continúa diciendo que *de Dios viene su salvación* (v.1). El versículo 2 dice: *"...no resbalaré mucho"*, o sea, él estaba consciente de su humanidad y debilidades. No es que ahora nos vamos a justificar continuamente porque somos humanos y vamos a estar pecando a diestra y siniestra, ¡no!, es que consciente de mi debilidad, debo al igual que el salmista decir: *"En*

Dios solamente está acallada mi alma; de él viene mi salvación". O sea, *Dios mío si tú no estás conmigo en este día, yo puedo resbalar.* El salmista decía: *Él solamente es mi roca fuerte* (v.7).

Varias veces fuimos al lago Erie Lake, Cleveland en Ohio y en una de aquellas ocasiones queríamos tomarnos una foto en las piedras. Había toda clase de piedras, grandes, pequeñas, medianas. Cuando yo ponía el pie para pararme había unas que se movían y mi cuerpo se tambaleaba; entonces, quitaba el pie y me movía hacia otra buscando la que estuviera firme y que no se moviera. No quería caer. Eso es a lo que se refiere el salmista, no es cualquier roca, es la más fuerte, la que me sostenga, en ésa me puedo parar. ¡Aleluya! Qué en este día tú puedas decir como el salmista: *Él solamente es mi refugio, no resbalare.*

Padre, que nuestros pies no resbalen en este día. ¡Afírmanos en ti! Oro para que nos des estabilidad. Yo afirmo en esta hora que ¡no resbalaré! En el poderoso nombre de Jesús. Amén.

Dirige mis pasos

"Aún amó a su pueblo; Todos los consagrados a él estaban en sus manos; Por tanto, ellos siguieron en tus pasos, Recibiendo dirección de ti." **Deuteronomio 33:3**

Había nevado bastante y la acumulación de nieve era como 12 pulgadas en las aceras. Necesitábamos conseguir alimentos en el supermercado porque se aproximaba una tormenta. Luego de pensarlo por un rato tomamos la decisión de salir, había que hacerlo. No había manera de sacar el carro así que fuimos caminando a una distancia como de veinte minutos. Íbamos bien equipaditos contra el frío, lo único que teníamos descubierto eran los ojos. Cuando salimos del edificio decidimos cortar camino por la parte de atrás donde la acumulación de nieve era tanta que no se veía el camino, o sea, ¡todo estaba forrado de nieve! Había una alfombra blanca que arropaba desde la entrada hasta no sé dónde. No sabíamos exactamente por dónde estaba la acera, todo estaba cubierto por la nieve. Podíamos caernos en algún hoyo que estuviera tapado. En aquel momento observamos unas pisadas plasmadas en la nieve, eran enormes, ¡claro, para nosotros! porque los americanos tienen pies muy grandes. Pensé que era muy buena idea seguir esas huellas porque si estaban allí era porque ya alguien había pasado antes que nosotros y aparentemente era camino seguro. Seguimos cuidadosamente las huellas, David al frente y yo atrás, así fue que pudimos llegar hasta la salida de la calle. Era menos riesgo y mucho más rápido seguir las huellas que ponernos a caminar por nuestra cuenta para llegar.

Dios siempre hace caminos dónde no los hay para que tú y yo pasemos, solo que a veces nos pasa como la historia de las huellas en la arena que preguntamos por qué se ven dos solamente. Pero qué bueno es saber que Él está haciendo camino al frente para que nosotros pasemos. Si tienes duda de por dónde caminar solo sigue sus huellas, síguelo a Él. Te aseguro que llegarás a tu destino.

Oro para que todos los que necesiten dirección en este momento la reciban. Que el Espíritu Santo sea tu guía y la gloria de Dios tu retaguardia. Amén

Prisioneros de esperanza

"Volveos a la fortaleza, oh prisioneros de esperanza; hoy también os anuncio que os restauraré el doble". Zacarías 9:12

La prisión de la que habla el profeta era un pozo seco que servía como calabozo. Ahí lanzaban a los prisioneros. Cuando una persona está sin disfrutar de libertad y no puede salir a ningún lugar es porque está preso. Hay países que encierran a las personas por predicar la Palabra de Dios, sin embargo, existe otro tipo de prisión. Hay personas prisioneras, sin libertad y sin esperanza. Se han sumergido en esa prisión ellos mismos, se sentenciaron, perdieron sus propiedades, un divorcio, una enfermedad, una muerte, o todas las anteriores juntas les han hecho *culpables por falta de esperanza*, y la sentencia es *prisión*.

¿Quién te puso tras las rejas? Al otro lado Dios está diciéndote: *La celda está abierta ¡sal!*, pero más te encierras en el calabozo. Por más que Él te diga que salgas tú te quedas ahí, ¡sal ya! ¿Cuándo decidirás salir? Él te dice hoy: *vuélvete a mí, tú fortaleza*. *"Confiad en Jehová perpetuamente, porque en Jehová el Señor está la fortaleza de los siglos"* (Isaías 26:4). Él ha prometido que te va a restaurar el doble, pero hay que tomar el paso importante, decidir volver a Él. Él te dice: *Vuélvete*, eso quiere decir que lo tienes que hacer tú, significa acción. ¿Quieres ser libre? ¡En el nombre de Jesús abro las prisiones de tu cárcel ahora mismo! ¡Sal fuera! ¡Sé libre! Ya no estás preso más por falta de esperanza. ¡La sangre de Cristo te hace libre!

Oro sobre ti pidiendo liberación y paz. En el nombre que es sobre todo nombre, en el nombre de Cristo. Amén.

¡Empieza por confiar!

"No perdáis, pues, vuestra confianza, que tiene grande galardón; porque os es necesaria la paciencia, para que habiendo hecho la voluntad de Dios, obtengáis la promesa." Hebreos 10:35,36

● Señor, no puedo más! ¿Has dicho esto alguna vez? Todos lo hemos dicho alguna vez en la vida. Estando en la cruz, Jesús le pregunta al Padre: *"Dios mío, Dios mío, ¿por qué me has desamparado?"* (Mateo 27:46). ¿Abandonado el hijo de Dios? Imagínate que en el momento en que Cristo estaba padeciendo y sufriendo en la cruz se le acercara uno de los discípulos a decirle: *"No perdáis, pues, vuestra confianza, que tiene grande galardón..."*. ¿Crees que Jesús le preguntaría?: ¿*cuál galardón?*, o le refutaría: *¡yo soy el que está en la cruz!* ¡No sucedió así! Cristo mantuvo tres cosas: confianza, paciencia y obediencia e hizo la voluntad de Dios completando la misión para la cual fue enviado.

¿Qué necesito para no perder la confianza? El apóstol Pablo nos dice: *"...porque os es necesaria la paciencia..."*. Entonces, si para no perder la confianza *os es necesaria la paciencia,* procuremos no perderla. Si estoy esperando un ascenso, el regreso del esposo al hogar, un milagro de sanidad, ver resuelta mi situación financiera, la restauración de mi matrimonio, que mis hijos regresen al Señor, y no tengo confianza en que sucederá, puedo estar poniendo en riesgo grande galardón. ¡La promesa está en amenaza! Cristo no perdió la confianza, tuvo paciencia e hizo la voluntad del Padre y recibió su galardón. Pablo no perdió la confianza, fue paciente y también lo recibió. ¡Tú y yo estamos confiando y esperando y vamos a recibir grande galardón!

En el nombre poderoso de Jesús desato sobre tu vida una unción de paciencia y confianza. El Espíritu de Dios viene sobre ti y te hace declarar palabras de victoria y de prosperidad espiritual. Declaro sobre ti un tiempo nuevo, tiempo para que te deleites en el Señor y para que recobres confianza y obtengas mayor paciencia en medio de este proceso y durante tu prueba. ¡Empieza a tener confianza!

Mi raíz está abierta

"¡Quién me volviese como en los meses pasados, como en los días en que Dios me guardaba... Cuando yo lavaba mis pasos con leche, y la piedra me derramaba ríos de aceite!" Job 29:2,6

¿Quién es ese que no ha hecho a Dios un reclamo como éste? Pensar en los momentos en que estábamos bien y compararlos con los del presente. ¡Ay! Cómo olvidar esos tiempos cuando salía a comer una langosta en un restaurante de la costa. ¡Ay! Cómo olvidar esos tiempos cuando yo me montaba en un crucero. ¡Ay! Cómo olvidar esos tiempos cuando me compraba las ropas y zapatos que quería. ¡Cómo olvidar!

Job hacía memoria de sus momentos prósperos y los comparaba con los de su tiempo presente. Reclamaba, añoraba ese tiempo en que él tenía tanta prosperidad, al punto que lo describe como lavarse los pies con leche y la piedra le derramaba ríos de aceite. ¡Abundancia!, abundancia por todos lados.

Recordar no es malo, pero quedarnos en ese pensamiento de lo que antes fue y ahora no es, nos hace daño. Podríamos ocuparnos tanto en pensar en lo que era, que perderíamos la perspectiva de lo que va a ser. Peor aun, podríamos quedarnos en la zona de queja que no nos permitirá movernos a la zona de creerle a Dios.

Job había estado ocupado con su dolor, sus pérdidas, ¡sus quejas! hasta que un buen día pensó: ¿qué de las promesas de Dios? ¡Es cierto que estoy en prueba!, pero hay una promesa: *Será como árbol plantado junto a corrientes de aguas, que da su fruto en su tiempo, y su hoja no cae; y todo lo que hace, prosperará"* (Salmos 1:3). ¡Un momento! ¡Está hablando del justo! ¡Dios mío!, ¿acaso no soy yo justo?, ¿he hallado gracia ante tus ojos? Porque si yo he hallado gracia ante ti, ¡tú me vas a sacar de esta prueba, de esta aflicción! Job despertó a la realidad y ahora dice: *"De oídas te había oído; mas ahora mis ojos te ven"* (Job 42:5). ¡Había estado ciego! No podía ver las promesas de Dios en su vida; ahora dice: *"Por tanto me aborrezco, y me arrepiento en polvo y ceniza"* (v.6). ¡Se acabó! No me voy a quejar de mi condición, voy a hacer sacrificio de holocausto a mi Dios. ¡Él me va a escuchar! ¡Vamos a ponernos de pie! Es tiempo de reafirmar nuestra fe en la Palabra del que no miente. Es tiempo de creerle a Dios y de comenzar a hablar sobre el favor de Dios a nuestra vida. Aunque no lo veamos debemos confesar que lo vamos a ver, que estamos esperando en su providencia, porque así lo dice su Palabra.

Padre, yo declaro en el nombre de Jesús tu Palabra, que yo soy un árbol plantado junto a corrientes de aguas. Por lo tanto, mi hoja no caerá, y yo daré fruto a tiempo, y todo lo que yo haga prosperará. En el poderoso nombre de Jesús. Amén

Firme sobre mis alturas

"Dios es el que me ciñe de fuerza, y quien despeja mi camino; quien hace mis pies como de ciervas, y me hace estar firme sobre mis alturas..." 2 Samuel 22:33,34

"Jehová el Señor es mi fortaleza, el cual hace mis pies como de ciervas, y en mis alturas me hace andar." Habacuc 3:19

David y Habacuc en diferentes tiempos citan las mismas palabras. Palabras de confianza y de afirmación en quien han creído. Sin embargo, David añade otra frase: *"...Y me hace estar firme sobre las alturas"*. En las alturas hay muchas ventajas porque se detectan mejor las cosas. Tenemos mejor visibilidad desde arriba y sentimos libertad. Existe la sensación de estar más cerca del cielo, de la naturaleza. También existen muchos riesgos. En las alturas podemos experimentar más los vientos porque no hay nada alrededor. Cuando estamos en las alturas, si tropezamos, la caída hacia abajo puede ser mortal. Personas han caído desde una altura y se han fracturado varios huesos, y hay quienes han fallecido. Siempre hay riesgos. A nadie le gustan las caídas porque no resultan en nada bueno. Si Dios nos permite llegar a las alturas no es para vanagloriarnos. No debe ser para que nos sintamos grandes, sino para que estemos más cerca de Él. Solo nos permitirá Dios llegar a las alturas cuando seamos capaces de estar firmes allá arriba y reconocer que dependemos ¡siempre, siempre de Él!

Nuestra oración a Dios debe ser: *Padre, tú eres el que hace mis pies como de ciervas, pero por favor, Padre, cuando llegue a las alturas no dejes que mis pies se deslicen. ¡Afirma mis pies! Que yo pueda andar con confianza, pero dependiendo de ti, porque tú y solamente tú eres quien en las alturas me haces estar firme. Amén.*

Rehusando el consuelo de Dios

"¿En tan poco tienes las consolaciones de Dios, Y las palabras que con dulzura se te dicen?" Job 15:11

¡Ay las pruebas! Sí, las pruebas que nos hacen endurecer nuestro espíritu y llegan a poner a prueba a un Dios tan justo y tan santo como el que conocemos. Los amigos de Job se quedaban boquiabiertos cuando escuchaban las palabras de quejas contra Dios, que salían de un hombre justo como Job. Son muchos los que al igual que Job se encuentran en dura prueba. A Job le llegaron todas juntas. Muerte de sus hijos, pérdida de propiedades, perdida de sus granjas, siembras y ganados, problemas financieros, enfermedad terminal, ¿qué más podía esperar? ¡La muerte!

Dios va a colocarte personas que te den consuelo en tu prueba. Personas que con dulzura te hablarán, te ayudarán a orar y a concéntrate en la Palabra de Dios. No lo tomes en poco. Aunque yo siento que cuando no se recibe el consuelo necesario, no es a mí a quien rechazan, es a Dios.

El amigo de Job le preguntaba: *"¿Por qué tu corazón te aleja...?"* (Job 15:12), porque es eso lo que ocurre, se alejan. Se alejan y rehúsan las palabras dulces. No importa los testimonios que les compartas, ellos no aceptan que nadie haya sufrido más que ellos. Nadie más ha tenido tantas pruebas. Ellos manifiestan que lo de ellos es más grave que lo de cualquier persona, incluyendo a Cristo, y a Job. ¿Qué les parece? Finalmente es contra Dios contra quien vuelven su espíritu, y es contra Él que sacan palabras negativas de sus bocas. La aflicción de Job termina luego que él hace algo que no había hecho en todo el tiempo de su prueba. Primero reconoce la soberanía de Dios: *"Yo conozco que todo lo puedes..."* (Job 42:2). Segundo, pide a Dios que le enseñe: *"Oye, te ruego, y hablaré; te preguntaré, y tú me enseñarás"* (Job 42:4).

¿Estarás dispuesto a pedirle a Dios estas dos cosas? ¿Dejarías que Él te enseñe? Si aceptas, Dios pondrá personas que te ayuden y te enseñen. Dios usará sus ministros, sus consejeros, su Palabra y además al Espíritu Santo que nos enseña.

Declaro sobre tu vida que te levantas del sufrimiento, que Dios te muestra y da estrategias en medio de tu prueba.

Dispuestos para entender

"Entonces me dijo: Daniel, no temas; porque desde el primer día que dispusiste tu corazón a entender y a humillarte en la presencia de tu Dios, fueron oídas tus palabras; y a causa de tus palabras yo he venido. Mas el príncipe del reino de Persia se me opuso durante veintiún días..." Daniel 10:12,13

No temas, tu petición ha sido escuchada. Dos declaraciones, particularmente la última, que a todos nos gustaría escuchar de parte de Dios. Así fortaleció Dios a su siervo Daniel a través de un ángel. Daniel llevaba 21 días orando en el espíritu, clamando porque Dios le enseñara el significado de un sueño que lo tenía perturbado. Para Daniel no era algo difícil orar, esto era algo que le gustaba hacer y lo practicaba tres veces al día, "...no temas; porque desde el primer día que dispusiste tu corazón a entender y a humillarte en la presencia de tu Dios, fueron oídas tus palabras...". En este versículo vemos el secreto para la respuesta a nuestras oraciones. Primero, disponer nuestro corazón a entender, y luego, humillarnos ante la presencia de nuestro Dios. La disposición sincera y genuina para asumir estas dos actitudes, sin duda, de acuerdo a esta porción de las Escrituras, resultará en la respuesta a nuestra oración.

Comprenda en este día que hay dos revelaciones de Dios en este versículo. Dios enviará a su ángel a fortalecernos cuando estemos débiles a causa de la prueba, y el enemigo hará todo para evitar que seamos fortalecidos, luchará para impedir que recibamos la Palabra de parte de Dios. Dios siempre responde. Tenga presente el secreto revelado en Daniel 10:12.

¿No le provoca dar un grito de alabanza? Saber que Dios oye nuestras oraciones y nos fortalece. Hoy el Señor le fortalece en medio de la prueba. Le recuerda que Él escucha cuando va a su presencia humillado y con corazón dispuesto a entender. Esto me motiva a orar como Daniel. ¿Usted siente igual?, ¡vamos a animarnos!

Oro para que el Espíritu Santo provoque el mismo deseo en usted. Oro para que prepare su corazón y le unja sobrenaturalmente para que disponga su corazón ante Dios para entender los tiempos que está viviendo y para que humillado ante su bendita presencia reciba la respuesta a su oración. En el poderoso nombre de Jesús. Amén.

En sus manos están mis tiempos

"En tu mano están mis tiempos..." Salmos 31:15

En una ocasión llevamos a mi hermana al hospital con dolor de pecho. Su condición cardíaca era muy grave. Ella ya había sido intervenida con tres cateterismos. En esa ocasión un doctor nos dijo que si le hacían el procedimiento las probabilidades de sobrevivir a un infarto eran de 1%. Mi hermana era una madre joven con una hija de 20 años de edad en ese entonces. Recuerdo como mi hermana llorando, casi a gritos me decía: *Yo no quiero morir todavía, quiero ver a mi hija casarse.* Yo no podía manejar tantas emociones juntas. Mi única hermana de 40 años con un pronóstico del 1% de sobrevivencia, pidiéndome que le dijera qué hacía. El procedimiento era necesario, era de vida o muerte. Oraba en mi mente y pedía dirección a Dios sobre qué decirle a esta madre con dolor en el alma. Mi compasión, mi dolor, mi desespero y mi fe se encontraron. El Espíritu Santo me dio palabras y le hablé diciendo: *Iris, ¿por qué temes?, sea como sea, tú eres del Señor. No va a ocurrir nada que no sea la voluntad de Dios. El médico te dijo eso, pero por encima de su diagnóstico está la voluntad de Dios que es buena, perfecta y agradable. Entra en confianza que tú vas a salir y aquí te estaremos esperando.* Así mismo ocurrió, mi hermana entró y salió con vida. Luego de esto fue intervenida para una cirugía del corazón y vivió seis años más. Dios cumplió su deseo y le permitió ver el casamiento de su hija, tanto, que asistió a la boda, disfrutó la ceremonia y además estuvo cerca de ella hasta el primer aniversario de su boda. Aunque el Señor la mandó a buscar, la razón de su fallecimiento no fue cardíaca. ¡Bendecido sea el nombre del Señor! *"Pues si vivimos para el Señor vivimos; y si morimos, para el Señor morimos. Así pues, sea que vivamos, o que muramos, del Señor somos"* (Romanos 14:8). Solamente Dios sabe el tiempo nuestro por esta tierra. ¡No lo dudes! No temas a malas noticias. *"En tu mano están mis tiempos..."*.

Oro para que tú recibas fe en cualquier proceso de enfermedad que estés enfrentando. Recibe fe, y recibe sanidad en todas las áreas de tu vida. "Amado, yo deseo que tú seas prosperado en todas las cosas, y que tengas salud, así como prospera tu alma" (3 Juan 2).

Jehová proveerá

"Y llamó Abraham el nombre del aquel lugar, Jehová proveerá." Génesis 22:14

Mi esposo y yo recién llegábamos a Cleveland, Ohio para comenzar a trabajar en una misión que desde el 2004 estaba en nuestros corazones. Dios había puesto carga para ministrar a la comunidad hispana en este país. Luego de varias confirmaciones y de Dios haberlo aprobado, salimos el 24 de julio de 2009 hacia nuestra misión. Era una aventura de fe. Mi esposo trabajó por 20 años en la industria farmacéutica y ahora Dios lo llamaba al pastorado. Yo trabajaba desde mis 18 años y siempre había sido una mujer que aportaba provisión a la casa junto a mi marido. Nuestra iglesia nos apoyaba para esta misión, así que contábamos con el dinero para el alquiler de la vivienda. No había obra, íbamos a comenzarla. Nuestro vecino inmediato nos pidió que lo acompañáramos a visitar a su hermana, fuimos en su carro. Mientras David y él hablaban, yo desde el asiento de atrás, comienzo a hacerle preguntas a Dios: *¿Cómo nos vamos a sustentar para los demás gastos si aún no hemos conseguido trabajo?* La respuesta no se hizo esperar. El carro se estacionó y cuando abrí la puerta para bajarme, ahí había un pequeño pajarito tratando de cargar un pedazote de pan que era más grande que él mismo. Ésa fue la respuesta a mi pregunta. *"Mirad las aves del cielo, que no siembran, ni siegan, ni recogen en graneros; y vuestro Padre celestial las alimenta. ¿No valéis vosotros mucho más que ellas?"* (Mateo 6:26). Todo este tiempo hemos podido ver la fidelidad de Dios a través de nuestros pastores generales, nuestra iglesia en Puerto Rico y tantos hermanos que Dios utiliza para bendecir nuestra misión. ¡Dios es fiel! Y si Él lo ha hecho con las aves y lo ha hecho conmigo, ¿qué te hace creer que Él no lo hará contigo?

Oro para que tu fe aumente. Oro para que seas suplido en todas tus necesidades y para que el Dios de todo el universo te provea a ti y a los tuyos.

Libertad del alma

"Saca mi alma de la cárcel, para que alabe tu nombre; me rodearán los justos, porque tú me serás propicio." Salmos 142:7

Así de dura y de difícil tenía que haber sido la prueba de este salmista cuando siente que su alma estaba en prisión. ¡Cuántas personas están en la misma situación que él! El salmista manifiesta angustia, siente que le han tendido trampas, *"En el camino en que andaba, me escondieron lazo"* (v.3). Sentía soledad y abandono como quizás tú estés sintiendo. *"No tengo refugio, ni hay quien cuide de mi vida"* (v.4).

Pienso en los que están convaleciendo en sus hogares o en un centro de rehabilitación. Tengo dolor en este momento por los que no tienen a nadie para que los cuide. ¡Bienaventurados los que tienen madres como la mía!, que cuidó a su hija, mi hermana, hasta la muerte. ¡Dichosos! los que en medio de su enfermedad prolongada sus esposos no le abandonan, como la esposa de mi padre que permanece aún con él. ¡Dios te bendiga Zenaida! Personas como estos dos seres queridos míos son dichosos. No podrían quejarse de que los han abandonado. Ellos tendrán que decir al igual que el salmista: *"Me rodearán los justos, porque tú me serás propicio"*. Muchos que no tienen esta bendición, los que mueren en un hospital y no hay quien los reclame, los que están en un hogar de envejecientes, o de rehabilitación y nadie los procura.

Ustedes, quienes tienen gente que les ama, que tienen cuidado de ustedes, que se acuerdan de ustedes en sus cumpleaños, ¡alaben a Dios por esto!, ¡den gracias! y no dejen que su alma sea prisionera de la depresión.

Posiblemente tu condición no sea la misma de antes. Quizás ya no puedas trabajar como lo hacías antes pero Dios te ha rodeado de justos que cuiden de tu vida. Declara en este día como el salmista: *"Tú eres mi esperanza, y mi porción en la tierra de los vivientes"* (v.5). *"Saca mi alma de la cárcel, para que alabe tu nombre..."* (v.7).

Oro para que te veas en victoria. Oro para que tu alma entre en su reposo y disfrutes de su gozo. Que puedas gozarte y alabar nuevamente.

Sombra y abrigo

"El que habita al abrigo del Altísimo morará bajo la sombra del Omnipotente." Salmos 91:1

En el mes de julio la temperatura era como de 94° en Parma, Ohio. David y yo nos fuimos caminando hacia la biblioteca como a milla y media de distancia y a la 1:00 p.m. ¡Fabulosa idea! ¡Por poco nos derretimos! A mitad del camino ya era mucha la fatiga. De repente, sentimos un fresquito que no habíamos sentido en el camino. Nos encontrábamos debajo de la sombra de un gigantesco árbol. Éste estaba en el patio delantero de una casa, pero era tan grande que le daba sombra a la mitad de la avenida, a la casa, a todo alrededor ¡y claro que sí! a nosotros también. Como quien toma un balde de agua y se lo echa sobre la cabeza luego de un calor sofocante, así recibimos aquella tremenda sombra. ¡Bendito sea nuestro Dios! que se acuerda de sus hijos.

El salmista menciona sombra y abrigo, dos recursos fabulosos para todo ser viviente. Si tenemos frío, nos abrigamos, si tenemos calor buscamos la sombra. Estar bajo el cuidado de Dios representa esa cobertura. Él suplirá ¡todo!

En tiempos donde estés sintiendo el frío de la dura prueba, o en tiempos cuando sientas el calor del horno de fuego de la prueba que te ha sobrevenido ¡el Omnipotente te suplirá! Él será para ti lo que fue para nosotros esa sombra del árbol en medio de nuestra calurosa jornada. Será para ti lo que es ese abrigo cuando uno tiene un frío terrible. Pero debes elegirlo a Él. Fuera de Él no tienes esa cobertura.

Este salmo menciona varias promesas para los que habitan al abrigo del Altísimo:

Morarán bajo su sombra

Tendrán esperanza y confianza en Jehová

Serán librados de trampas del maligno y de destrucción

Tendrán cobertura directa de Dios

Tendrán seguridad

Él será su escudo

No tendrán temor de día, ni de noche

No importa cuántos vengan contra ti, no llegarán a ti

Él te hará justicia

Las plagas no te van a tocar a ti, ni a los tuyos

No te sobrevendrá mal

Tendrás ángeles a tu disposición para guiarte y cuidarte

Tendrás autoridad sobre las tinieblas

Serás librado

Puesto en alto

Te responderá Dios cuando le invoques

Estará contigo en la angustia

Dios te saciará de larga vida
Tendrás salvación

Diecinueve promesas, ¡garantía de vida, salud, protección! ¿Qué seguro de vida te da esto? Por un solo precio, que ames a Dios y lo pongas por tu habitación. "Porque has puesto a Jehová, que es mi esperanza, al Altísimo por tu habitación" (v.9).

Cántico de liberación

"Tú eres mi refugio; me guardarás de la angustia; con cánticos de liberación me rodearás." Salmos 32:7

El 2001 comenzó muy mal para mí en términos de negocios. Había estado trabajando por un año en un multinivel. Generaba buenos ingresos y a través de ese negocio tuve la flexibilidad de trabajar desde mi casa y ser mi propio jefe. Pero algo fue mal, no solamente a mí, sino a todos los que tenían inversiones y negocios. El ataque terrorista de las torres gemelas no solamente derribó a los edificios de Nueva York, sino la estructura financiera de Estados Unidos y por ende, muchas personas se vieron afectadas. Mi esposo y yo fuimos uno de esos. Perdí mi posición de directora dado a que ya las personas no querían invertir y otras no querían comprar mi producto. Las vendedoras se fueron retirando poco a poco hasta que mis ingresos se afectaron adversamente. Ante el cobro de los acreedores no tuve otra que irme a buscar trabajo fuera y no conseguía nada. Los empleadores estaban aguantados con los reclutamientos nuevos. ¡Ocurrió una implosión en nuestras finanzas! Por primera vez comenzamos a sentir la presión de amenazas de cortes de servicios. ¡Nunca en nuestra vida de casados esto nos había ocurrido! Mi esposo es un excelente administrador, pero en esta área de mi vida yo necesitaba ¡ser trabajada fuertemente! Ahí comenzó el trato de Dios con mi vida. Yo le permití a Dios esto por primera vez, porque Él no lo hará a no ser que se lo permitamos. La angustia se apoderaba de mí. Las puertas todas cerradas. Por ningún lado se veía salida. Yo sentía todos los días al espíritu de locura y de depresión visitarme. Hacía intentos de llevarme cautiva. Entonces tomé las armas de nuestra milicia. Tenía que pelear contra un enemigo llamado angustia y depresión. Los cánticos como: *Jehová es mi guerrero, Tú eres mi sustento, Tú eres escudo alrededor de mí, Tu fidelidad es muy grande,* ¡todos me rodeaban de liberación! La Palabra me daba aliento: *"Me gozaré y alegraré en tu misericordia, porque has visto mi aflicción; has conocido mi alma en las angustias"* (Salmos 31:7).

Oro para que todo espíritu de locura y de cautiverio espiritual huya de tu vida en este instante. El Señor te rodea en esta hora con cánticos de liberación. Oro para que las circunstancias no apaguen tu fe. En el nombre poderoso de Jesús recibe paz.

Suba mi oración

"Suba mi oración delante de ti como el incienso, el don de mis manos como la ofrenda de la tarde." Salmos 141:2

Pablo dijo: *"Quisiera más bien que todos los hombres fuesen como yo; pero cada uno tiene su propio don de Dios, uno a la verdad de un modo, y otro de otro"* (1 Corintios 7:7). ¿Eres maestro de escuela bíblica?, ¿cantas para el Señor?, ¿atiendes el estacionamiento de la iglesia?, ¿limpias el templo? Lo que sea que hagas ¡hazlo con gozo!, con corazón de adorador. Este don que Dios te ha dado, ese regalo, que sea tu ofrenda a Él. Si no tuvieras nada más que darle, ¿qué le darías? A Dios le agrada cuando llegamos con nuestra ofrenda, pero con un corazón de adorador.

He recibido muchos regalos en mi vida. Soy muy agradecida con lo que me regalen, pero digo que no es lo que me regalen, es cómo me lo regalen. Yo he regalado artículos de $3.00, pero la envoltura y el contentamiento con que lo he hecho hacen la diferencia. La expresión en los rostros de las personas es de, *¡Wow, te botaste!*, aunque sea un regalo sencillo. No hagamos menos para Dios. Demos lo mejor de nosotros ¡en todo! Demos nuestra adoración, alabanza, ofrenda, servicio acompañado de obediencia y excelencia a nuestro Dios.

"Los sacrificios de Dios son el espíritu quebrantando; al corazón contrito y humillado no despreciarás tú, oh Dios" (Salmos 51:17). El Señor sabe cuándo tú estás atravesando tiempos difíciles y llegas a su casa con el deseo de adorar, pero la prueba no te lo permite, Él te entiende. Pero también sabe cuándo al igual que Caín, lo harás porque ya es una rutina.

Oro para que a pesar de tu prueba, a pesar de las circunstancias que estás atravesando, el gozo del Señor sea tu fortaleza. Que el don de tus manos sea tu ofrenda y que tu oración suba como incienso.

Como madre que consuela

"Como aquel a quien consuela su madre, así os consolaré yo a vosotros, y en Jerusalén tomaréis consuelo." Isaías 66:13

Cuántos de nosotros no hemos consolado a nuestros hijos en algún momento? Especialmente las madres somos las primeras en pegar el grito y correr cuando se nos lastiman los hijos. Recuerdo la noche que pasó el huracán Hugo por Puerto Rico. Nuestro segundo hijo tenía cuatro años de edad. No teníamos energía eléctrica en nuestra casa, así que dormimos todos en una sola habitación. Nuestro hijo decidió brincar en la cama y cuando fue a dar un salto cayó fuera de la cama sobre el gavetero. Se rompió la clavícula y una noche de huracán se convirtió en más pesadilla para nosotros. Salimos todos como pudimos para la sala de emergencia. Cuando el doctor me dijo que nuestro hijo tenía una fractura en la clavícula, su dolor lo sentí en mi corazón. ¡Lloré hasta que se me acabaron las lágrimas! Nuestro hijo gemía y nosotros como padres lo consolábamos. Yo quería dormir con él, tenerlo en mi falda y no dejarlo de abrazar y de darle consuelo. ¡Qué dolor! Su dolor era el mío.

Así dijo Dios que nos va a consolar. ¡Qué glorioso! Hay un Padre amoroso que nos va a consolar. Nuestras lágrimas serán enjugadas. No solamente algún día se terminarán para siempre las lágrimas, sino que hoy Dios nos consolará. Nos consolará por el dolor de la pérdida. Sea que alguien haya fallecido o que nos hayan abandonado, son pérdidas. Hay personas que por más que uno quiera consolarles en su dolor, ellos rehúsan consuelo. Deja que Dios te siente en su falda, te abrace, te de cariño especial y te haga como yo le hice a mi hijo, te consuele con toda consolación de un Padre que es. *"Bendito sea el Dios y Padre de nuestro Señor Jesucristo, Padre de misericordias y Dios de toda consolación... Porque de la manera que abundan en nosotros las aflicciones de Cristo, así abunda también por el mismo Cristo nuestra consolación"* (2 Corintios 1:3,5). Serás consolado en la perdida de tu hijo, esposo, o familiar cercano. Serás consolado en tu prueba de enfermedad. ¡Serás consolado!

Oro para que hoy ocurra tu milagro. Que el Dios de paz otorgue tu petición y seas consolado.

Abundante gracia

"Yo sanaré su rebelión, los amaré de pura gracia; porque mi ira se apartó de ellos." Oseas 14:4

Existen muchísimos casos en la Biblia que nos muestran cómo nuestro Dios, es Dios perdonador. Él nos ama de pura gracia. Y ciertamente no nos paga conforme a nuestras rebeliones. ¡Bendita misericordia de nuestro Dios! *"Yo sanaré su rebelión..."*. Cuando escucho la palabra sanidad no puedo dejar de pensar en herida, dolor, enfermedad. ¿Me sanará de mi rebelión? Rebelión es lo mismo que rebeldía, o sea, Dios nos está diciendo que vivir en rebelión es para Él como el que tiene una enfermedad y necesita ser sanado, sin olvidarnos que también rebelión es pecado. *"Porque como pecado de adivinación es la rebelión, y como ídolos e idolatría la obstinación"* (1 Samuel 15:23).

Dios siempre antepone su amor de pura gracia, antes que su ira. He visto la transformación de gente que han estado en pecado de rebelión por años y ahora son siervos de Dios viviendo por su gracia. Dios ha prometido que va a sanar la rebelión de su pueblo Israel, quien le ha dado la espalda por siglos. Hoy todos somos partícipes de esas promesas. Somos su nuevo Israel, su nuevo pueblo.

Recibe esta palabra en tu vida y para los tuyos. ¡Aprópiate de ella! Escrita está. Él va a sanar la rebelión, ¡sea cual sea!, aun la de esos hijos que se han rebelado, de esos esposos que se han apartado, de todos por los que oras continuamente. Solo porque Él los ama y no quiere que se pierdan. La segunda parte del versículo dice: *"...mi ira se apartó de ellos"*. ¡Ya ocurrió!, está en pasado. Ya Él apartó la ira de ellos. ¡Aleluya! Solamente tienes que dar gracia por lo que estás esperando porque en el mundo espiritual ya Dios lo hizo.

Oro sobre los tuyos y sobre los míos. Declaro en esta hora la poderosa Palabra de Dios que es viva y eficaz. Escrito está que Dios lo ha hecho ya. ¡En el nombre de Jesús! Amén.

Florecer y crecer

"El justo florecerá como la palmera; Crecerá como cedro en el Líbano." Salmos 92:12

Este hombre de Dios conocía muy bien el favor del Señor sobre los justos. Él no esperaba menos de su Dios, sino bendición. Él exaltaba la bondad de Dios en su vida. *"Bueno es alabarte, oh Jehová, y cantar salmos a tu nombre, oh Altísimo; anunciar por la mañana tu misericordia, y tu fidelidad cada noche"* (vs.1,2). El salmista compara el florecimiento de los impíos *versus* el de los justos. El impío brota como la hierba y florece haciendo iniquidad para ser destruido eternamente. Podrán prosperar, pero no durará para siempre su prosperidad. Él reconoce que aunque débil, Dios le dará fuerzas y no como cualquier animal débil, sino como las del búfalo. Dios lo va a ungir con aceite fresco, porque necesitamos unción nueva. Todos los días debemos pedirle a Dios que nos renueve nuestra unción por una fresca. No debemos conformarnos. *"El justo florecerá como la palmera; crecerá como cedro en el Líbano"*. El justo no es cualquier persona, son destacados en su crecimiento. Los demás observarán y reconocerán que ha habido crecimiento. El cedro del Líbano crece muy alto y robusto, se puede ver a distancias. Debemos florecer y crecer, abundantes hojas, y troncos robustos de alto crecimiento. ¿Puedes arrancar fácilmente una palmera? *"Plantados en la casa de Jehová, En los atrios de nuestro Dios florecerán"* (v.13). El crecimiento no se obtiene quedándote en tu casa. Tampoco crecerás nutriéndote en cualquier lugar de entretenimiento. Se crece en la casa de Jehová, en los atrios de nuestro Dios, ahí es que se florece y que crecemos.

Oro porque haya crecimiento en tu vida. Para que florezcas y otros vean lo que Dios ha hecho contigo. Tu vida está hecha para ser próspera en Dios. Declara sobre tu vida hoy que tú eres un justo y que crecerás y serás plantado en la casa de Dios. ¡Estaremos vigorosos y verdes! Amén.

Soy bendecido

"¿No está aún la simiente en el granero? Ni la vid, ni la higuera, ni el granado, ni el árbol de olivo han florecido todavía; mas desde este día os bendeciré." Hageo 2:19

¡Poderosa palabra! No hay nada tangible, sin embargo una promesa Él ha dicho: desde hoy nos bendecirá. Para muchos las bendiciones son tener un ingreso alto, viajar, tener carros lujosos, etc. ¿Qué es ser bendecido para ti? Recuerdo haber leído esta palabra en un tiempo donde estábamos luchando económicamente por mantenernos en pie. Llegó el momento donde yo no estaba contribuyendo financieramente para sostener la casa porque me operaron de *carpal tunnel* y estaba muy mal de la espalda. El salario de mi esposo era el único ingreso. Había que hacer ajustes. Aproveché ese tiempo para llevar y recoger a nuestros tres hijos a la escuela, visitar su escuela a menudo, ir a las actividades escolares y participar del comité que planificaba.

En la semana participaba de los cultos de oraciones matutinas de nuestra iglesia, visitaba hogares y ministraba con un grupo de hermanas. Milagrosamente, ocupándome de las cosas del reino, comencé a ver en mi casa más provisión que antes. Analicé todo lo que había transcurrido en nuestra vida familiar. Mis hijos tenían menos estrés, claro, ya no tenían a una madre *estresada*. En ese tiempo los carros no se dañaron. Ninguno en casa se enfermó más allá de mi condición de espalda. No se dañaron enseres en el hogar. O sea, no hubo gastos que lamentar. Dígame, ¿no es eso una bendición? Cuando hice el ejercicio de aplicar este versículo a nuestras vidas descubrí, en lo personal, ¡cuán bendecidos habíamos sido!, ¡y todavía lo somos! Sí, Dios nos había bendecido desde el día en que salí de mi trabajo. ¡Cómo no llamar esto bendición! Ah, bueno no tenía la cuenta de banco rebosando, pero había paz en mi hogar. Ahora puedes evaluar tu situación a la luz de las Escrituras. ¿Eres bendecido?

Oro para que Dios te bendiga ¡más! Te bendigo como Jehová envió a Moisés a bendecir al pueblo: "Jehová te bendiga y te guarde; Jehová haga resplandecer su rostro sobre ti, y tenga de ti misericordia; Jehová alce sobre ti su rostro, y ponga en ti paz" (Números 6:24-26).

¡Recuéstate, hay pan!

"Entonces mandó a la multitud que se recostase en tierra; y tomando los siete panes, habiendo dado gracias, los partió, y dio a su discípulos para que los pusiesen delante; y los pusieron delante de la multitud. Tenían también unos pocos pececillos; y los bendijo, y mandó que también los pusiese delante. Y comieron, y se saciaron; y recogieron de los pedazos que habían sobrado, siete canastas." Marcos 8:6-8

En tiempos de sequía

El monte junto al mar de Galilea se convirtió en el salón de clases. Los discípulos ya no estaban solos con el maestro, hay una multitud de más de cuatro mil personas. Pero hay un pequeño problema. La clase se ha extendido, es un poco tarde y como diríamos los boricuas, *hace hambre*. Pero Jesús no los quiere enviar sin comer. Los discípulos están en desacuerdo porque no hay pan para tanta gente. La pregunta era: *¿De dónde tenemos nosotros tantos panes en el desierto, para saciar a una multitud tan grande?* Otra pregunta le sigue, pero esta vez la hace Jesús: *¿Cuántos panes tenéis?*, y ellos dijeron: siete, y unos pocos pececillos. ¡Suficiente! Nada más con ustedes, ¡que se recuesten!, ¡son mis invitados y ustedes les servirán! (vs.1-6) Ésa fue la conclusión. ¿Cuál es el nombre de la clase de hoy para los discípulos? Multiplicación.

Pero el maestro no solo dio la clase, sino ¡un examen sin avisar! ¡Me moría cuando eso pasaba en la escuela! Jesús no anunció nada, les dijo: *que se recuesten en tierra,* y acto seguido les dice a sus discípulos, *repartan.* Jesús quería que ellos fueran generadores de fe, no unos negativos. Primero dijeron: *¿de dónde nosotros tenemos tantos panes?* Aquí usan la palabra *tantos.* Luego, usan la expresión: *unos pocos pececillos.* La compasión y el amor mueven a Jesús a realizar tan grande milagro. Los discípulos recibieron su lección. Si te cierras las manos para compartir de lo que tienes, también el Padre cerrará sus manos para darte a ti cuando le pides. Ellos tuvieron que compartir lo único que llevaron para comer, pero cada uno salió con el doble o más de lo que llevaron. Jesús dijo: *"Porque mejor cosa es dar que recibir"* (Hechos 20:35).

Oro para que en tu vida continúe el milagro de la multiplicación. Pero también oro para que sigas creyendo que Dios provee, tanto a uno, como a miles. ¡Fuera la duda!

El sol siempre sale

"Dios es nuestro amparo y fortaleza, nuestro pronto auxilio en las tribulaciones." Salmos 46:1

David y yo nos encontrábamos celebrando nuestro 25 aniversario en un crucero. La última noche en el crucero le dije a David que iba a madrugar para ver la salida del sol. Quería tomar una foto al amanecer. Subí al último piso, aún estaba oscuro y los empleados limpiaban el área. Me estacioné con mi cámara a esperar a ver la salida del sol. La noche anterior había leído que la salida del sol sería a las 6:45 a.m., era primavera. Cuando ya eran las 7:00 a.m. vi que había claridad pero no veía el sol. Me comencé a preocupar. Me movía de un lugar hacia otro buscando el mejor punto. Finalmente aparece David, éste es mi sol, pero no el que yo quería ver en ese momento. Me pregunta si tomé la foto y yo le respondí: *no, nunca salió. ¿No?* dijo él: *el sol siempre sale.* Y le dije: *¿Y cómo no lo vi para retratarlo?* Mi amado esposo me dice: p*orque está nublado; va a llover.* ¡Exacto! Que desilusión, me colgué en la materia de ciencia y física. Y también como fotógrafa. Aún no nos habíamos bajado del barco cuando recibo la noticia de que mi hermana y mi padre simultáneamente, pero en diferentes países, habían sufrido un infarto y estaban en intensivo. ¿A quién voy a ver primero? Yo en Orlando, Iris en Puerto Rico y papi en Ohio. Es ahí donde recibo la revelación del mensaje de la mañana. *No porque esté nublado y las nubes te impiden ver los rayos del sol, significa que no ha amanecido.* ¡El sol siempre sale!

Yo alabo a Dios por la compañía del Espíritu Santo. Siempre que estemos turbados y en momentos de dificultad podemos contar con su asistencia. Hoy te invito a experimentar su paz en medio de tu prueba. Puede ser que sea un día nublado, o quizá un día de tormenta. Pero sea como sea, ¡el sol salió! solo que no lo puedes ver.

Oro para que recibas paz. Que Dios te permita sentir su presencia en medio de tu situación más difícil. No estás solo. Contigo está el que creó al sol y es más grande que él.

Hágase tu voluntad

"Pero yo a ti oraba, oh Jehová, al tiempo de tu buena voluntad." **Salmos 69:13**

Cuando nuestro segundo hijo se gradúo de escuela superior, justo en su fiesta de graduación se enfermó. Tuvimos que recogerlo en el hotel y llevarlo a la sala de emergencia. Al siguiente día nuestro hijo se encontraba en la unidad de cuidado intensivo. Le diagnosticaron *pericarditis del miocardio*. Él había sufrido un pequeño infarto. Mi abuela paterna, a quien no conocí nunca, falleció a los 44 años por condiciones cardíacas. Mi padre, tíos y mi hermana también sufrían de condiciones cardíacas, así que la observación era más rigorosa. A sus dieciocho años estaba en una cama de intensivo sin poder moverse porque las enzimas cardiacas estaban muy elevadas. Cada día que transcurría el médico no nos daba buenas noticias.

Se habló hasta de trasladarlo a Estados Unidos. Mi esposo y yo viajamos todo el camino desde el hospital, agarrados de la mano, pero no podíamos hablar. La tristeza nos sobrecogía. ¡Qué prueba! Me fui a mi habitación a hablar con el Señor. Él siempre tiene la última palabra. Me postré como suelo hacerlo y le dije a mi Padre: *Él no es mío. Él es tuyo. Yo lo tengo porque tú me lo prestaste. Si él está listo y tú quieres asegurarlo para la vida eterna, yo no voy a decirte que no lo hagas. Te lo entrego. ¡Pero! Te digo algo que ya tú sabes. Me tienes que cambiar este corazón.* Le dije a Dios esa noche: *Si me preguntas si creo que tú puedes levantarlo y sanarlo yo te contestaré: ¡claro que lo creo! ¡Yo sé que tú lo puedes hacer! Pero solo si tú quieres hacerlo. Si mi hijo se va a perder en las calles y no va ser salvo, pues no, entonces ¡no!* Mi conversación con el Padre terminó yo diciéndole: *¡gracias Padre porque tú siempre me escuchas!*, y todo lo que te pida en el nombre de Jesús y yo no dude en mi corazón lo recibiré. Nos acostamos a dormir.

A la 1:00 a.m. recibimos una llamada de la unidad de intensivo. ¡Dios nos escuchó! Nuestro hijo salió de esa unidad ese mismo instante. ¡Aleluya, bendita misericordia de nuestro Dios! Luego de varios estudios el cardiólogo nos dijo que no lo lleváramos más porque él estaba mejor que un atleta. Hoy día tiene 26 años y estudia cinematografía. ¡Será el mejor productor de cine cristiano!

Que Dios te otorgue sabiduría y entendimiento para manejar tu prueba. Pido a Dios que escuche tu ruego y responda conforme a su buena voluntad.

Al abrigo del Altísimo

"No te sobrevendrá mal, ni plaga tocará tu morada." **Salmos 91:10**

A mis once años de edad hice profesión de fe. Un pastor pentecostal abría una obra a tres casas de la nuestra. Siendo de familia católica me atreví a desafiar la autoridad de mi madre y entre a la iglesia evangélica. Hice profesión de fe. Me bauticé después de insistirle a mi pastor que me bautizara con aquel grupo que él estaba bautizando. Él, obedeciendo a la voz del espíritu lo hizo sin tomar yo alguna clase. ¡Vivo agradecida! Dios me puso un pastor que guardaba la palabra de verdad. Fue mi maestro por muchos años. Hablo del Pastor Ramón Muñiz, quien hoy está con el Señor.

Meses más tarde de mi conversión fui diagnosticada epiléptica. Mi epilepsia era terrible. Seis y siete medicamentos diarios y más de tres convulsiones en el día. Es en mi niñez y pre-adolescencia que comienzo a dar pasos grandes de fe y creerle a Dios. Escuchaba testimonios de sanidad, leía la Biblia y veía los milagros que ocurrieron en ella y escuchaba predicaciones de milagros. Ahora yo comienzo a trabajar para mi milagro; empecé a ayunar a esta edad, me metía en mi habitación a hablar con Dios. ¡Pedía que Él erradicara esto de mi vida! Cuando cumplí 15 años fui a una campaña de sanidad del evangelista Yiye Ávila. Cuando él oro y dijo: *¡por sus llagas fuiste sanado!* Yo sentí que de mí se fue algo. No había nada que yo pudiera mostrarle a la gente que desapareció. Mucho menos a mi madre, así que mi fe entró en acción. Yo misma le pedía al doctor que me repitiera el electroencefalograma. El estudio reveló que la mancha que había en el lado izquierdo de mi cerebro había desaparecido. Mi estudio fue negativo. ¡Gloria a Dios! ¡Se fue la opresión! Nunca más he tomado medicamentos para epilepsia y nunca más he tenido descontrol de mis nervios.

Dios tiene planes buenos contigo y con los tuyos. Hoy oro para que tú recibas tu libertad y para que la opresión de la enfermedad que te ha tenido postrado se vaya de tu vida y quede erradicada ¡para siempre! "...ni plaga tocará tu morada."

Sacando la espina

"Si el espíritu del príncipe se exaltare contra ti, no dejes tu lugar; porque la mansedumbre hará cesar grandes ofensas." Eclesiastés 10:4

Existirán momentos en tu vida en que solamente tú serás quien sabes que fuiste herido. La persona que lo hizo ni cuenta se ha dado porque en su interior, o no lo quiso hacer, o no le importa. Es cuando tendrás que hacer una de las dos, vivir con la espina y que te siga afectando o sacar la espina. Sacar la espina significa que vas a tener el área afectada por un tiempo, pero va a ser más rápida la sanidad que si la dejaras adentro.

Hace un tiempo atrás tuve que sacarme una espina. La había enterrado una amiga. ¿Sin saber, o sin querer?, que juzgue Dios. El tiempo en la iglesia que era para adorar y alabar, mi mente estaba navegando con el dolor que la dichosa espina me estaba ocasionando.

Comencé a culpar a otros de ese dolor, pero un día, alabo a Dios por ese día, dije *¡no más diablo!, hoy tú vas a ser derribado y tendrás que retroceder porque yo voy a sacarme esta espina.* Fui donde mi hermana en Cristo y amiga. Le dije estas palabras: *yo necesito sanar. Yo quiero adorar a Dios con libertad. Vengo para que tú me perdones.* ¡Se escuchó algo fuerte! El enemigo huyendo con su furia porque lo derroté en el poderoso nombre de Jesús. ¡Me saqué la espina! Ya no tenía dolor. Ahora podía ver a mi hermana como lo que era, mi amiga. ¡Somos amigas! Estamos ahí la una para la otra. Es nuestra responsabilidad sacar la espina, no del que me la enterró. El único que se enterró la espina fuiste ¡tú! Así que, vamos a sacarla para afuera. El problema que tienen algunos es que luego de sacar la espina están enseñándole a todo el mundo donde estuvo la espina por años. Vuelven a revivir el dolor y la angustia. ¡Sé libre! Sácala y desinfecta el área.

Oro para que te arranques esa espina. Resiste al diablo y él huirá. La Palabra de Dios es tu antídoto contra el veneno. Declaro que hoy fue el último día que estuviste con esa espina. ¡Eres libre de toda ofensa!

Delante de Él estarás

"Por tanto, así dijo Jehová: Si te convirtieres, yo te restauraré, y delante de mí estarás; y si entresacares lo precioso de lo vil, serás como mi boca. Conviértanse ellos a ti, y tú no te conviertas a ellos." Jeremías 15:19

Recuerdo cuando llevaba nuestros hijos a la escuela. Antes de que se bajaran del carro hacia una oración por ellos. La oración siempre tenía la misma frase: *Enséñales a separar lo santo de lo profano*. (Levítico 10:10) Por más que yo deseara que mis hijos amaran a Dios por sobre todas las cosas, iba a haber un momento en sus vida donde ellos tendrían que tomar decisiones. Decisiones como las tomamos su padre y yo. No basta con tener a padres creyentes, ni con tener familiares que por generaciones hayan sido cristianos. Cada cual tiene que tomar la decisión de convertirse en ese hombre o mujer que Dios espera que seamos.

Jeremías fue elegido como profeta de Dios. Dios le dice que se convierta, le pide unos cambios en su vida. Luego de esto sería como la boca de Dios. ¡Eso es profundo! Hay cosas que tenemos que abandonar para poder estar delante de Dios. No solo para estar delante de Él hay requisitos de santidad, sino para ser su boca. Sin embargo, hay cosas viles que el mundo las presentará como buenas. Quizás sabes lo que tienes que hacer y no quieres, sea porque no te gusta que te impongan las cosas, o porque crees que no es necesario. Se dice mucho: *Cada persona es un mundo*. Es cierto, pero Dios es uno solo y todos sus hijos no pueden parecerse a otros padres, sino a Él.

¿Quieres ser ese hombre o mujer que todos admiran? Conviértete a ellos, habla y actúa como ellos. Escribe lo que ellos escriben.

¡Te admirarán! Andar con Dios o estar delante de Él no necesariamente va a permitir que te admiren muchos. Tan pronto comiences a hacer cambios en tu forma de hablar y de comportarte, o sea, tan pronto adquieras la conducta del reino de Dios no le agradarás a todo el mundo. Comienza a separar lo precioso de lo vil, entonces comenzará tu restauración. Dios podrá usar tu boca. Podrás decir con certeza: *Así dice Dios*. Porque te habrás convertido a Él.

Oro para que haya conversión en tu vida. Que Dios te use y haga de ti un instrumento poderoso. En el nombre de Jesús, amén.

Poderoso, Él salvará

"...y yo les doy vida eterna: y no perecerán jamás, ni nadie las arrebatará de mi mano." Juan 10:28

Quisiera dedicarle este artículo a aquellos que en algún momento de sus vidas le han cruzado pensamientos de suicidio, una de las trampas más mortales de nuestro adversario Satanás. Una noche a las 10:30 p.m. mi esposo recibe una llamada. Un caballero al otro lado del teléfono hablaba de acabar con su vida. Él no quería vivir más. Mi esposo le preguntó en dónde se encontraba para llegar hasta él y acompañarle, pero el caballero rehusaba consuelo. Nunca nos dijo en qué lugar se encontraba. Mi esposo me dice: *Ora Cuchi, ora*. Comencé a caminar por nuestro apartamento y los que me conocen saben con qué furia oraba contra un enemigo que quiere arrebatar vidas y llevárselas para la perdición eterna. ¡Me levanté! Y mi oración fue: *Jehová Dios de las batallas, a ti te llaman Jehová el guerrero. ¡Saca tu ejército! Que tomen sus espadas y cabalguen sobre los aires, vayan y corten a tus enemigos. Que huyan delante de ti tus enemigos que quieren tomar esta vida. ¡Ato en el poderoso nombre de Cristo al espíritu de muerte y suicidio! ¡Suelta la mente de este hombre! ¡Hablo paz a su mente!* Amados míos, el caballero había colgado el teléfono y mi esposo no podía comunicarse con él. Continuamos haciendo guerra espiritual. Al cabo de unos minutos el teléfono sonó. Era el caballero y le decía a mi esposo que algo le dijo, que encendiera la radio. Cuando lo hizo escuchó un cántico cristiano que más o menos decía: *Fuiste creado para estar en las alturas, no para estar en la basura.* No me pregunten. Yo nunca he escuchado ese cántico. Pero él lo escuchó. ¡Arrebatamos una vida del infierno! ¡Dios es poderoso, Él salvará!

Declaro que te vistes de poder para ser ese soldado que está en la brecha. Que tú determinas no dejar que una vida pase de este mundo a la eternidad sin Cristo. Oro para que Dios te muestre y te permita ser instrumento en sus manos. Y si conoces a alguien con estos pensamientos, usa la Palabra de Dios y ora con autoridad. ¡Dios peleará contigo!

En el nombre de Jesús ordeno al espíritu de suicidio y depresión, ¡vete! ¡Sal de aquí y no regreses!

Águilas sobrevolando

"...pero los que esperan a Jehová tendrán nuevas fuerzas; levantarán alas como las águilas; correrán, y no se cansarán; caminarán, y no se fatigarán." Isaías 40:31

Desde niña he leído y escuchado acerca del verso bíblico sobre las águilas, pero viviendo en el estado de Florida he tenido la experiencia de presenciarlas frecuentemente. En primavera del 2011 salí al patio como a las tres de la tarde. Le pedía a Dios fuerzas, le decía que me hablase. De repente veo una sombra, era grande, se reflejaba en la grama de donde yo estaba sentada. Fue rápido que pasó, así que ya no estaba la sombra. Miro al cielo para ver qué ave fue la que sobrevoló sobre mí y para mi sorpresa eran tres águilas. Supe que eran águilas por lo alto que volaban. Además observé que de momento extendieron sus alas y sin hacer ningún movimiento en las alas volaron hacía la dirección del sol. Volaron tan alto que las perdí de vista. ¡Dios me respondió! Me habló con esas tres águilas. Me recordaba que me remontaría a lo alto. Las tres representaban para mí las tres personas a quien yo adoro, Padre, Hijo y Espíritu Santo. Continúo teniendo esa experiencia... En otra ocasión oré en la terraza de nuestra casa, y salimos para la biblioteca. Cuando llegamos dije a mi esposo: *Mira las tres águilas nuevamente volando en círculo.* Salimos de la biblioteca y cuando íbamos por otra calle varias luces después, otra vez, tres águilas volando en forma de círculo. ¡Recibo esa palabra! Dios nos recuerda que tendremos fuerzas nuevas. ¡Amén! Dios aprovecha cada instante para hablarles a sus hijos. Tan solo debemos estar apercibidos. Él nos recuerda que aunque estemos cansados o fatigados, ¡levantaremos alas como las águilas! ¡Qué poderoso! Además, las águilas cuando van a volar más alto, diferente a las otras aves, en lugar de agitar sus alas para elevarse lo que hacen es extenderlas.

Posiblemente has perdido tus fuerzas. Estás agotado por tantas situaciones en tu vida. Te invito a que abras tus brazos y los extiendas. Declara que tú te elevarás a las alturas a donde el Padre está y que vas a recibir fuerzas nuevas.

Padre, en esta hora oro para que sean renovadas las fuerzas de mi hermano. Que tú le ayudes a extender sus alas y subir a las alturas. A remontarse como el águila. Confiamos en que tú le das esta victoria. En Cristo Jesús, amén.

Acuérdate ahora de mí, y fortaléceme

"Entonces clamó Sansón a Jehová, y dijo: Señor Jehová, acuérdate ahora de mí, y fortaléceme, te ruego, solamente esta vez, oh Dios, para que de una vez tome venganza de los filisteos por mis dos ojos." Jueces 16:28

Él escuchaba muchas voces diciéndole lo que tenía que hacer. Sus padres le decían: *No te juntes con las mujeres que sirven a otros dioses, te van a sacar los ojos. Van a arruinar el llamado de Dios en tu vida. Acuérdate del pacto que Dios hizo con nosotros. No te acuestes en la falda de ellas, te van a dormir. Y cuando te levantes va a ser tarde.* Por otro lado la voz de Dios que siempre nos advierte de los malos caminos, *Sansón, hijo, yo te elegí a ti para que pelees contra los filisteos. ¡Cuidado! Te estás acercando mucho a los enemigos. Deja la vida de las apuestas y las fiestas nocturnas.* El diablo por otro lado: *Sansón, no seas tonto. Esta mujer te ama más que ninguna otra. Si es que la amas no la defraudes, cuéntale tu secreto. Los secretos de Dios y tuyos tienes que revelárselos a tu esposa. ¡Anda cuéntale el secreto de tu fuerza!* Sansón escuchó a la misma voz que escuchó Eva en el huerto del Edén, *"Con que Dios os ha dicho: No comáis..."* (Génesis 3:1). Sansón puede ser cualquiera de nosotros hoy día.

Quiero apuntar lo más tremendo de esta enseñanza, la misericordia de nuestro Dios. Sansón cayó en la trampa de Satanás, lo llevaron encadenado sus enemigos, le sacaron los ojos, fue el hazme reír de todos sus enemigos. ¿Cuántos no han pasado por esto? De una manera o de otra hemos fallado a Dios. Muchos son los siervos de Dios que han caído de la gracia y han perdido su unción por coquetear con el pecado. Pero te quiero hablar de su misericordia. Sansón le oró y le pidió una oportunidad. Quizás tú, o alguien que tú conozcas están clamando por esa oportunidad. Dios desea y espera que reconozcamos de dónde caímos y procedamos al arrepentimiento. *"Recuerda, por tanto, de dónde has caído, y arrepiéntete, y haz las primeras obras..."* (Apocalipsis 2:5). El deseo de Dios es que tú seas salvo. No es el su deseo condenarte. *"Entonces clamó Sansón a Jehová, y dijo: Señor Jehová, acuérdate ahora de mí, y fortaléceme, te ruego, solamente esta vez..."*. Dios le concedió su petición en el momento de su debilidad y cuando estaba sumergido en el desánimo; cuando ya no tenía esperanzas Dios le respondió. Ese día perecieron más filisteos juntos que todos los que él había derrotado cuando estaba bajo el pacto. Dios siempre da el doble.

Oro para que te levantes en el poderoso nombre de Jesús. Que puedas batallar contra el enemigo con toda la unción que Dios ha depositado en ti. En su nombre. Amén.

En su nombre hay poder

"Cuando les dijo: Yo soy, retrocedieron, y cayeron a tierra." Juan 18:6

Jesús se encontraba con sus discípulos y llegó una compañía de soldados, alguaciles de los principales sacerdotes y de los fariseos *con linternas, antorchas y con armas*. Jesús les pregunta: *"¿A quién buscáis? Le respondieron: A Jesús nazareno. Jesús les dijo: Yo soy"* (vs. 4,5). La Biblia enseña que retrocedieron y cayeron a tierra. ¡Hay poder en el nombre de Dios! El Antiguo Testamento dice: *"Y respondió Dios a Moisés: YO SOY EL QUE SOY. Y dijo: Así dirás a los hijos de Israel: YO SOY me envió a vosotros"* (Éxodo 3:14). Después del evento del Mar Rojo, donde murió su ejército, ya todos los egipcios saben muy bien quien es el *Yo Soy*. En el Nuevo Testamento: *"Yo soy el camino, la verdad y la vida"*. *"Yo soy el buen pastor"*, *"Yo soy el pan de vida"*. Éste es el mismo *Yo Soy*.

En el Mar Rojo perecieron ahogados los enemigos del pueblo de Dios. Esos que representaban esclavitud, sufrimiento, oprobio, opresión, angustia, aflicción, quedaron enterrados y sepultados por agua. ¡Retrocedieron!, cayeron a tierra y el mar se los tragó, por el poder de su nombre: *Yo Soy*.

En el huerto frente a Jesús, ¡retrocedieron!, cayeron a tierra los enemigos de Dios. Allí estaba el traidor Judas, los testigos falsos, los angustiadores de Jesús, no solamente los que lo entregaban, sino los que buscaban crucificarle. En este caso ellos, aparentemente se salieron con la suya. Pero las profecías debían cumplirse. Jesús tenía que completar su misión. Luego, en una tumba fría y oscura, de repente se escuchó un estruendo, hubo un temblor y una luz encendió ese lugar. ¡Jesús se levantó del sepulcro!, y le dijo a la muerte: *¡Retrocede! ¡Atrás! No tienes autoridad sobre mí. Yo te he vencido.* Cristo llevo cautivo al cautiverio. ¡Aleluya! Su resurrección nos otorgó vida. Antes de irse al Padre, nos dio poder. *"Habiendo reunido a sus doce discípulos, les dio poder y autoridad sobre todos los demonios, y para sanar enfermedades"* (Lucas 9:1). Por esa autoridad delegada a sus hijos, los redimidos por su sangre, nosotros podemos pararnos frente al cáncer, al Alzheimer, a la depresión, a la esquizofrenia, y en el nombre que es sobre todo nombre decirle: *¡Atrás retrocede! El nombre de Jesús que tiene el mismo poder del Yo soy.*

Padre, declaramos en el poderoso nombre de Jesús que mis hermanos se apropian de esta palabra. Ellos se agarran de tu nombre para con este nombre hacer retroceder todo lo que está queriendo dañarlos.

Saciará tu alma

"Porque satisfaré al alma cansada, y saciaré a toda alma entristecida." Jeremías 31:25

● Cuánto tengo que esperar para esto?, es la pregunta de muchos. La Biblia está repleta de promesas. Muchas se han cumplido y otras se cumplirán más adelante. Es cierto que la promesa de tener paz para siempre no ha llegado. Pero, ¡te garantizo! en el nombre de Dios, que si tú amas al Señor con todo tu corazón, con toda tu mente, y con toda tu fuerza, tú no tendrás falta de nada, estarás satisfecho.

Con todo tu corazón significa que el primer lugar de tu corazón es para Él. Y que no harás nada que le rompa el corazón de dolor a Dios. Con toda tu mente significa que tus pensamientos serán puros porque estarás pensando en Él. Con todas tus fuerzas significa que pondrás todo lo que de ti dependa para buscarlo y honrarlo. ¡Él es tu todo! Por eso, cuando llega la prueba grande, como Él es tu todo, no te desenfocarás. ¡Te dolerá! ¡Te desanimarás! Pero no lo negarás a Él. Pedro le negó porque no lo amaba con todas sus fuerzas. Se debilitó. Por eso luego de su resurrección Jesús le pregunta en tres ocasiones: *¿Pedro me amas?* (Juan 21.17). En este momento de nuestras vidas, con un corazón, una mente y fuerzas que son para Dios solamente, encontraremos que nuestra alma cansada y entristecida recibe satisfacción con Él. Es un misterio pero es la realidad.

Cuando mi esposo recibe el llamado al ministerio, nuestros tres hijos jóvenes tienen situaciones muy fuertes. Uno tiene un accidente y su carro fue pérdida total. ¡Dios preservó su vida! Otro hijo por un mes estuvo en tratamiento de cardiología, por cuatro días en intensivo, y como si fuera poco, otro de nuestros hijos estuvo por cuatro horas en coma; no le aseguraban la vida. ¡Todo esto en un mismo mes! Sin contarte todas las otras pruebas que teníamos encima. Situaciones financieras y problemas de salud que no me permitían trabajar. Aún con estas pruebas en nuestras vidas asistíamos a la iglesia, servíamos en los diferentes ministerios que pertenecíamos y honramos a Dios en todo. ¡Él satisfizo nuestra alma cansada! ¡Él sació nuestra alma entristecida! Tu alma se puede cansar y entristecer pero una cosa te digo ¡Él va saciar tu alma! Solo Él lo hará.

Oro para que tu alma encuentre satisfacción en Él. Que la palabra sea ese alimento que llene tu espíritu de esperanza. Que la oración sea esa arma poderosa que te de fuerzas en medio de tu cansancio.

Voy a vivir

"No moriré, sino que viviré, y contaré las obras de JAH." Salmos 118:17

Este Salmo es la oración de gratitud de un hombre que ha salido victorioso de su prueba. Dios respondió a su angustia. Se había sentido en una estrechez de todo (v.5). *"Jehová está conmigo; no temeré lo que me pueda hacer el hombre"* (v.6). Declaraciones como éstas te ponen de antemano en posición de victoria. Él contaba con Dios dentro de la lista de sus ayudadores (v.7). Él estaba muy seguro de su confianza en Dios más que en la de los hombres. ¿Por qué nos preocupamos tanto por que otra persona nos entienda? (v.8). Si Dios está contigo, tú puedes confiar.

Es cierto que lo están rodeando y lo asedian, pero él declara su victoria nuevamente: *"Mas en el nombre de Jehová yo las destruiré"* (v.11). ¿Podrías declarar en esta hora: *Es verdad que me dieron un diagnóstico de cáncer, pero en el nombre de Jehová yo lo destruiré (al cáncer) no él a mí? "Me empujaste con violencia para que cayese, Pero me ayudó Jehová"* (v.13). No es que seamos positivistas, o sea, AMP (Actitud mental positiva), ¡no! Es que cuando yo abra mi boca yo afirme la Palabra de Dios, no la que me da el hombre. Yo hablo en el nombre de Jehová todas las cosas. Todas las veces que oro por una persona que esté cerca de la muerte oro y digo: *"Voz de júbilo y de salvación hay en las tiendas de los justos; La diestra de Jehová hace proezas. La diestra de Jehová es sublime; La diestra de jehová hace valentías. No moriré, sino que viviré, y contaré las obras de JAH"* (vs.15-17). ¡Es su diestra la que lo hace, no yo! ¡Es su palabra que lo dice, no yo!

Oro para que tu actitud sea una de victoria y de acción de gracias en la prueba que te ha sobrevenido. Declaro que esta Palabra de Dios se hace rema en tu vida y en la de los tuyos. ¡No morirás sino que vivirás!

Ninguna maldición

"Bendito el Señor; cada día nos colma de beneficios el Dios de nuestra salvación." Salmos 68:19

- Dios ha sido bueno! Tengo que reconocer que mi adolescencia no fue fácil. Vivir con un padrastro alcohólico no es el sueño de ninguna princesa. A pesar de haber entregado mi corazón a Cristo, yo vivía con muchas raíces de amarguras. Me crié siendo una rebelde con causa; aunque las malas conductas no se justifican. En la escuela era muy desordenada e indisciplinada. Mis maestros fueron muy pacientes conmigo, no lo puedo negar. Debo confesarles que hubiese querido dedicarle la primera página a mi maestra de noveno grado. Ella dijo: *Tú no llegarás a nada en la vida*. Años más tarde esa maestra llega a una empresa privada para reunirse con el presidente de esa compañía. La recibe la Asistente Administrativa del Presidente. Ella no podía con la cara de sorpresa. ¡Era yo! ¡Maldición quebrantada! No prosperó. Yo no dejé que eso me marcara. Decidí entregarle todo al Señor de mi vida. Él puso todo en orden. Reparó mi corazón maltratado desde mi niñez por el dolor de muchos sufrimientos. ¡Hubo sanidad! ¡Hubo perdón! Mi vida fue diferente desde ese momento. Escribí mi sueño. Mi sueño de ser esposa y madre. Dios me ha otorgado más de lo que soñé. Dios me ha colmado de sus bendiciones celestiales en esta tierra. Disfruto de ser esposa, madre, hija y sierva de Jesucristo al servicio de su reino.

Tú eres cabeza no cola, siempre estarás arriba no abajo. Dios ha prometido bendecirte a ti y a tu generación. ¿Qué incircunciso va a arrojar maldición sobre ti luego de que Dios te bendiga? Podrán hacerlo, más a ti no llegarán.

Oro para que seas el hombre o la mujer que Dios ha diseñado. Declaro sobre tu vida que se cumple tu sueño y el sueño de Dios en ti.

Llamados irrevocables

"Porque irrevocables son los dones y el llamamiento de Dios." Romanos 11:29

El año 1994 fue uno de mucho movimiento profético en nuestras vidas. Tanto mi familia y yo recibíamos Palabra de Dios de diferentes personas y en diferentes lugares. Todos y cada uno de ellos eran filtrados a través de la Palabra de Dios para su debida confirmación y aprobación en nuestros corazones según nos insta las Escrituras *"Amados, no creáis a todo espíritu, sino probad los espíritus si son de Dios; porque muchos falsos profetas han salido por el mundo"* (1 Juan 4:1).

Te contaré uno de los sueños más significativos que he tenido en mi vida desde que le sirvo a Dios. En el sueño yo me encontraba de espaldas y en un lugar que no había nada, ni nadie; entonces escucho una voz suave, delicada, pero fuerte a la misma vez porque llenó todo el lugar. No lo puedo explicar en lo humano pero fue agradable. La voz me dice: *Cuchi*, e inmediatamente me volteo y le digo, con mi mirada en el suelo a modo de reverencia, *Dime, Señor*. Le respondí a quién yo sabía que era mi Señor. *"Mis ovejas oyen mi voz,... y me siguen"* (Juan 10:27). Tengo que afirmar que Él nos conoce más que nadie, Él nos creó.

Descubrí que Dios es un Dios personal y que trata contigo de tú a tú como a nosotros nos gusta. ¿Se fijaron con cuál nombre me llamo el Señor? El me llamo por mi apodo, por el que me hace sentir cómoda. ¡Qué Dios tan amoroso! Ahí comprendí que mi Dios nos conocer hasta lo íntimo de nuestro ser. Si Él llega a decir "Fidelita", ¡ay!, posiblemente pensaba que me iba a regañar.

El Señor me dice: *¿Te acuerdas que yo te llamé?*, y cuando yo me proponía a decirle que no me acordaba, algo ocurrió en mi mente que me llevó a la noche donde yo estaba en una campaña de jóvenes. Yo estaba soltera y David y yo éramos novios. Como si fuera una película veo la escena y escucho al predicador Edwin Sosa (quien ya está con el Señor), dándonos una Palabra de parte de Dios. Me dijo el Señor: *Tú tenías diecisiete años cuando yo te llamé. Ese tiempo es ahora. Te necesito para despertar a mi pueblo.* ¡Fue fiel a su palabra! Dios nos habló a David y a mí de un ministerio y se ha cumplido. ¿Te das cuenta? Él no se olvida de sus promesas.

En el nombre de Jesús recibe confirmación de tu llamado. Los llamados son irrevocables. Dios cumple ¡siempre!

Fructificándonos a pesar de la aflicción

"Y llamó el nombre del segundo, Efraín; porque dijo: Dios me hizo fructificar en la tierra de mi aflicción." Génesis 41:52

● Será posible dar fruto, ser productivo en un lugar que te aflige?, ¿en una situación que te causa dolor? ¿Qué significa esto? ¿Cómo es posible? Un ejemplo de fructificarse en medio de la aflicción lo puedo ver en el testimonio de mi hermana Iris Miriam. Antes de que Dios la llamara a su presencia Miriam (como le decíamos en nuestra familia) tenía que dializarse tres veces en la semana. Ella era la única

Como huerto de riego

persona joven en ese centro, recibiendo ese tratamiento. Los demás pacientes eran personas de mucha más edad que ella y todos llegaban manejando sus propios carros o caminando por sí mismos, Miriam no. Ella tenía que ser llevada y traída en ambulancia por su condición tan delicada. En ese centro ella era la nena querida. Recuerdo específicamente un día de la semana de navidad que ella tuvo que ir al centro de diálisis a recibir su tratamiento. Miriam llegó como siempre bien arreglada y con entusiasmo. Ella abrió un bolso que traía y sacó varias maracas pequeñas y un cancionero de navidad. Dirigió (mientras se dializaba) los cánticos y puso a bailar y a cantar a todos allí. Ella se fructificó en su aflicción. ¡Bendijo a otros con su alegría! De esta manera ella se fructificaba en medio de su aflicción. Que tremendo sería que en medio de tu prueba puedas fructificar, dar frutos de paz y de gozo a los que están a tu alrededor.

Oro para que des fruto en todo tiempo y a tiempo. Para que aunque atravieses el desierto tú puedas mantenerte fiel y madures en el proceso. En el poderoso nombre de Jesús. ¡Amén!

Él pensará en ti

"Gócense y alégrense en ti todos los que te buscan, y digan siempre los que aman tu salvación: Jehová sea enaltecido. Aunque afligido yo y necesitado, Jehová pensará en mí. Mi ayuda y mi libertador eres tú; Dios mío, no te tardes." Salmos 40:16,17

No teníamos otra opción. Teníamos que vender nuestra casa luego de años de haberla adquirido. Luego que la vendiéramos, pagaríamos a todos nuestros acreedores y nos quedaríamos sin dinero. La alternativa más dolorosa fue la que elegimos. Hice el ejercicio de verme en un lugar alquilado por primera vez en mi vida de casada y lloraba cuando pensaba que había perdido mi casa. No había crédito bueno, no había dinero en el banco. ¿Cómo y cuándo compraríamos? No perdimos el gozo, ni la alegría, ¡no Señor! Lo saben los que estuvieron de cerca y también los de lejos, porque nunca nos quejamos ¡A nadie!, excepto a Dios. Finalmente mi esposo canceló todas las deudas. Tal y como Dios le había revelado, vivimos sólo un año en alquiler. En ese año nuestro crédito se restableció y pudimos levantar un nuevo expediente de experiencia crediticia. Vimos un apartamento que nos gustó. El dinero que pedían no lo teníamos. Oramos a Dios y pedimos su dirección y esperamos confiados en Él. Nuestro pensamiento era: *Aunque afligido yo y necesitado, Jehová pensará en nosotros.* Así fue cuando nos llamó el dueño del apartamento para decirnos que él conocía un banco que financiaba el 100%, bueno, a los que tienen un crédito excelente. Habíamos orado a Dios. Le pedíamos que restaurara nuestro crédito y nosotros hicimos lo propio para lograrlo.

Dios nos sorprendió, como siempre lo hace. Nos indicaron en el banco que nosotros cualificábamos muy bien para el préstamo del 100% del financiamiento. ¡Nuestro crédito estaba restablecido! Dios lo hizo.

Así he dicho al Señor en medio de mi situación: *"...Mi ayuda y mi libertador eres tú; Dios mío, no te tardes".* No tengo duda de que Dios no tiene hijos preferidos. Es haciendo la voluntad de Dios que le agradamos. Él se mueve a favor nuestro. Si quieres experimentar lo sobrenatural de Dios, entrégale lo natural tuyo. Entrégale la ansiedad y la duda. Él siempre va a darte lo que mejor te convenga, cuando esperas en Él y le dejas hacer las cosas, porque *Él pensará en ti.*

Oro para que el Espíritu Santo te hable y te muestre las cosas específicas que tienes que hacer para vencer en esta prueba de confianza y obediencia. Amén.

Quitando el cilicio

"... Entonces la reina tuvo gran dolor, y envió vestidos para hacer vestir a Mardoqueo, y hacerle quitar el cilicio..." Ester 4:4

Su pueblo iba a ser exterminado. La noticia lo turbó. Se rasgó las vestiduras y se vistió de cilicio. Todo el pueblo estaba viendo esa escena. ¡Se declaró en huelga de hambre! Se sentó en las calles donde todos lo veían. Ester no toleraba ver a su tío vestido como si fuera un mendigo. Él no tenía que estar de esta manera si no fuera porque la tristeza lo cubrió. Mardoqueo hizo lo que haría cualquier persona al momento de recibir la noticia de que toda su raza sufriría un holocausto. La reina Ester envió vestidos para hacerle quitar el cilicio, y antes de ver su victoria y la de todo su pueblo sus ropas le fueron cambiadas. ¡Mardoqueo se levantó del cilicio! La actitud es que nos levantemos y hagamos lo que tenemos que hacer, no echarnos a morir en medio de la prueba.

Ester, Mardoqueo y su pueblo tomaron una decisión poderosa, ¡ayunaron! Y es que todo decreto de muerte solo se pelea con ayuno y oración. Precisamente lo que Satanás no quiere que hagas. ¡Necesitamos gente como Ester! Que hagan quitar el cilicio a los enlutados por el dolor y las malas noticias. Ester no vio la destrucción de su pueblo. ¡No perecieron! Al igual que ellos no perecieron porque Dios escuchó la oración de todo un pueblo, así Dios va a escucharte a ti. No conozco el fin tuyo, pero Dios sí. El plan de Dios para ti es bueno. ¡Quítate el cilicio! Levántate en fe y declara que Él es tu sustento.

Oro para que el Señor te ayude en tu debilidad. Oro para que recibas su palabra de fortaleza en esta hora. Declaro que tus vestiduras se cambian por las de gozo. Amén.

Que la angustia no se apodere de ti

"Yo entonces me puse sobre él y le maté porque sabía que no podía vivir después de su caída..." **2 Samuel 1:10**

Saúl, un rey poderoso, ungido y escogido por Dios, cayó herido de muerte en el frente de batalla ante los filisteos. Este valiente de Dios se encontró derrotado antes de terminar la guerra. Su fin llega cuando él mismo se lanza sobre su espada, pero no alcanzando la muerte, sino angustia, le pide a un amalecita (un enemigo) que acabe con su vida: *"El me volvió a decir: Te ruego que te pongas sobre mí y me mates, porque se ha apoderado de mí la angustia; pues mi vida está aún toda en mí"* (2 Samuel 1:9).

Y es que en medio de la angustia podemos pedir lo que necesariamente no es lo mejor para nosotros. Si la vida está aún dentro de ti, hay esperanza, pero la angustia y el desespero nos llevarán a una sola conclusión, que después de la caída no podemos vivir más. ¡Mentiras de Satanás! Porque hayamos caído no significa que no nos levantaremos. Una caída o herida no es señal de fracaso o de derrota. Al contrario, puede ser señal de que necesito reconocer que dependo de alguien que es más poderoso que yo, ¡nuestro Jehová, varón de guerra! Ése nos puede levantar. ¡Esta historia conmueve! Como un hombre de Dios cae herido de muerte y en lugar de pedir que lo levanten y lo saquen del campo de batalla, pide que acaben con su vida. El amalecita, quien acabó con su vida había declarado: *"Yo entonces me puse sobre él y le maté porque sabía que no podía vivir después de su caída...".* Y finalmente su corona fue quitada de su cabeza. ¡El fin de un escogido de Dios! Éste es el plan del enemigo para todo hijo de Dios, aún más, que los líderes mueran porque otros no vean posibilidad de que se levanten. *"¡Cómo han caído los valientes en medio de la batalla!"* (2 Samuel 1:25). Note cómo aparece subrayado el versículo. ¡Me niego a ver morir algún líder más! ¡Me rehúso a ver la caída de otro siervo del Altísimo y que no se levante! ¡No entregaremos más coronas al enemigo! La gloria no se la puede seguir llevando nuestro enemigo Satanás para el reino de las tinieblas. Diga conmigo: *¡Yo me levanto!* ¿Conoces a alguien que haya caído de la gracia de nuestro Señor Jesucristo? ¿Se encuentra aún caído? Posiblemente estén en angustia y deseando morir. ¡No morirán! Podrán estar en angustia, pero fue hasta ahora. Vamos a levantar al que ha caído. Si vivirá o no después de su caída, se lo dejaremos a Dios y oraremos y daremos apoyo hasta que regrese a su estado original, como hijo de Dios.

Declaro que estás siendo tocando ahora mismo por el Espíritu de Dios. Si te identificaste con Saúl, ¡levántate! Dale tu mano a Jesús para que seas levantado. Oro para que nunca más la angustia se apodere de ti. ¡Te levantas ahora!, y le decimos a la angustia: ¡Vete y no regreses más! En el poderoso nombre de Jesucristo. Amén.

Como huerto de riego

"Jehová te pastoreará siempre, y en las sequías saciará tu alma, y dará vigor a tus huesos; y serás como huerto de riego, y como manantial de aguas, cuyas aguas nunca faltan." Isaías 58:11

¡Qué promesa! Jehová será tu pastor siempre. Cuando tu alma esté seca porque las situaciones de la vida te han agobiado tanto que no sientes nada, sino vacío y sequedad, Él te saciará. Cuando estés débil, se te acabaron las fuerzas y te agotes, ¡Él te dará vigor! La promesa consiste en que Dios va a hacer de ti un huerto de riego y un manantial de aguas que siempre tendrá agua. Recibirás ese regalo de riego para darles a otros cuando lo necesiten.

¿Habrá algo más valioso que esto? ¡Esto es bendición! Sí, bendición de Dios. Que yo tenga la certeza de que Dios va a suplir en todas las áreas de mi vida, alma, cuerpo y espíritu. Tendré provisión, protección y salud. ¡Aleluya!

No podemos ser ese recurso que Dios espera y anhela que seamos si antes no estamos bien con Él. Estar bien con Dios es estar bien con mi prójimo. Es cumplir la obra de Dios con satisfacción y mucha obediencia. Es después de esto que verás en tu vida el cumplimiento de todas sus promesas.

Este tiempo ha sido para que te renueves. Ha sido un tiempo para que te fortalezcas en la palabra. Deseo con toda mi alma y oro que tu fe haya crecido. Que des fruto y todo lo que hagas prospere conforme lo dice la Palabra de Dios en el Salmo 1. No tardes, aprópiate de las promesas de la Palabra de Dios. Todas las promesas de Dios son en Él sí y en Él amén. Él no te dejará hasta que haya cumplido lo que ha dicho que va a hacer contigo. Te ánimo, te exhorto a que seas ese huerto de riego. Si hay algo que Satanás no quiere que tú hagas es que salgas de tu desánimo. Él quiere que tú continúes en tu estado depresivo.

Ora conmigo. Repite esta oración: Padre yo confieso que soy tu hijo. Que tú eres mi Padre que me guardas. Yo reconozco que estaré en bendición siempre que decida obedecerte a ti. En este día determino que yo no andaré más enlutado por la opresión del enemigo. Renuncio a toda miseria espiritual. Activo la Palabra tuya en mi vida y me declaro huerto de riego y manantial de aguas que nunca faltarán. ¡En el nombre de Jesús! Amén.